Petits Classiques

LAROUSSE

Collection fondée par Félix Guirand,
Agrégé des Lettres

La Peau de chagrin

Balzac

Roman

Édition présentée,
annotée et commentée
par Évelyne AMON,
certifiée de lettres modernes

Direction de la collection : Carine GIRAC-MARINIER

Direction éditoriale : Claude Nimmo

Édition : Marie-Hélène CHRISTENSEN

Lecture-correction : service lecture-correction LAROUSSE

Direction artistique : Uli MEINDL

Couverture et maquette intérieure : Serge CORTESI,
Sophie RIVOIRE , Uli MEINDL

Mise en page : Monique BARNAUD, JOUVE SARAN

Responsable de fabrication : Marlène DELBEKEN

SOMMAIRE

Avant d'aborder l'œuvre

20 La Peau de chagrin

Balzac

125 Avez-vous bien lu ?

Pour approfondir

AVANT D'ABORDER
L'ŒUVRE

Fiche d'identité de l'auteur

Balzac

Nom : Honoré de Balzac.

Naissance : 20 mai 1799, à Tours.

Famille : origine paysanne. Père fonctionnaire sous l'Empire. Particule « de » accolée au nom « Balzac » (antérieurement Balsa) en 1802.

Formation : liens étroits avec sa sœur Laure. Scolarité médiocre. Lecteur passionné. Études de droit. Stages de clerc de notaire et d'avoué.

Un jeune homme ambitieux : dès 1820, développe des réflexions philosophiques. Puissante vocation d'écrivain. S'essaye sans succès à la tragédie *(Cromwell)*. Rêve de devenir riche et célèbre. Publie de nombreux romans populaires (« littérature marchande », « cochonneries littéraires ») sous différents pseudonymes. Éditeur et imprimeur (1825-1827) : faillite et dettes chroniques.

Premiers chefs-d'œuvre (1828-1833) : *Le Dernier Chouan*, signé Balzac (1829). *La Peau de chagrin* (1831), puis *Eugénie Grandet* (1833) l'imposent sur la scène littéraire. Travail acharné et publications multiples.

La gloire (1833-1840) : *Le Père Goriot* (1834) avec, pour la première fois, le principe du retour des personnages. Regroupe ses œuvres en « Études de mœurs » divisées en trois séries : « Scènes de la vie privée », « Scènes de la vie de province », « Scènes de la vie parisienne ». Grands romans : *Le Lys dans la vallée* (1836), *Illusions perdues* (1837-1843). Publie 20 volumes d'*Études philosophiques*.

La Comédie humaine (1841-1850) : conçoit le vaste ensemble de *La Comédie humaine* où tous ses romans fonctionnent en système (1842-1848). Expose sa doctrine dans l'Avant-Propos. Gigantesque fresque sociale de 26 tomes, 95 œuvres achevées et 48 ébauchées. Grands romans : *La Cousine Bette* (1847), *Le Cousin Pons* (1848). Mariage avec Mme Hanska (mars 1850).

Mort : le 18 août 1850 à Paris à l'âge de 51 ans.

Pour ou contre

Balzac ?

Pour

Victor HUGO :

« Balzac va droit au but. Il saisit corps à corps la société moderne. Il arrache à tous quelque chose, aux uns l'illusion, aux autres l'espérance, à ceux-ci un cri, à ceux-là un masque. Il fouille le vice, il dissèque la passion. Il creuse et sonde l'homme, l'âme, le cœur, les entrailles, le cerveau, l'abîme que chacun a en soi. »

Discours aux funérailles de Balzac, 20 août 1850.

Alphonse de LAMARTINE :

« Les trois caractères dominants du talent de Balzac sont la vérité, le pathétique et la moralité. »

Cours familier de littérature, 1856.

Contre

Gustave FLAUBERT :

« Quel homme eut été Balzac, s'il eût su écrire ! »

Lettre à Louise Colet, 16 décembre 1852.

Paul THUREAU-DANGIN :

« Art puissant, mais brutal, excessif, inégal, cynique, ce je ne sais quoi de surchauffé, de démesuré, d'intempérant et de monstrueux. »

Histoire de la monarchie de Juillet, 1884.

Gustave LANSON :

« Absence de mesure : il est intarissable sur tout ce qui l'amuse, et ce qui l'amuse, c'est la réalité qui est précisément inépuisable. Prétention à la pensée : c'est là un vice romantique qui l'amène à étaler au beau milieu de son récit de grandes tirades morales et philosophiques. »

Histoire de la littérature française, 1953.

Repères chronologiques

Vie et œuvre de Balzac	Événements politiques et culturels

Vie et œuvre de Balzac

1799
Naissance d'Honoré à Tours le 20 mai.

1807-1813
Pensionnaire au collège de Vendôme.

1814
La famille Balzac à Paris.

1815-1819
Étudie le droit et travaille comme clerc de notaire.

1819
Renonce au notariat. S'installe dans une mansarde pour devenir écrivain.

1820
Cromwell : tragédie jugée nulle.

1822
Liaison avec Mme de Berny, la Dilecta.

1825-1826
Balzac, éditeur et imprimeur. Abondante production romanesque sous pseudonyme.

1827
Faillite et dettes.

1829
Les Chouans, premier roman signé « Balzac ». *La Physiologie du mariage*.

1830
Fréquente les salons littéraires ; publie dans la presse.

1831
La Femme de trente ans. **La Peau de chagrin**. Introduit dans les milieux légitimistes.

1832
Première lettre de l'Étrangère (la comtesse Évelyne Hanska).

Événements politiques et culturels

1804
Proclamation de l'Empire. Sacre de Napoléon.

1808
Goethe, *Faust I*.

1810
Mariage de Napoléon Ier et de Marie-Louise d'Autriche. Mme de Staël, *De l'Allemagne*.

1814
Napoléon à l'île d'Elbe. Retour des Bourbons en France.

1815
Napoléon : les Cent-Jours. Défaite à Waterloo contre les Anglais. Napoléon à Sainte-Hélène. Louis XVIII (frère de Louis XVI), roi de France.

1816
Benjamin Constant, *Adolphe*.

1820
Lamartine, *Méditations*.

1821
Mort de Napoléon Ier.

1824
Beethoven, *9e Symphonie*. Mort de Louis XVIII et avènement de son frère Charles X.

1827
Hugo, *Préface de Cromwell*.

1829
Hugo, *Les Orientales ; Le Dernier Jour d'un condamné*.

1830
27, 28, 29 juillet : « les Trois Glorieuses ». Proclamé « roi des Français », le duc d'Orléans devient Louis-Philippe Ier. Stendhal, *Le Rouge et le Noir*.

1831
Hugo, *Notre-Dame de Paris*.

Vie et œuvre de Balzac

1833
Eugénie Grandet. Rencontre avec Mme Hanska à Neuchâtel.

1834
Séjour à Genève avec Mme Hanska.
La Duchesse de Langeais.
La Recherche de l'absolu.

1835
Le Père Goriot. Séraphîta.

1836
Le Lys dans la vallée.
Mort de Mme de Berny.

1837-1843
Illusions perdues.

1839
Splendeurs et misères des courtisanes.

1841
Contrat pour l'édition complète de *La Comédie humaine.* Mort du mari de Mme Hanska.

1843
En Russie pour retrouver Mme Hanska (après 8 ans d'absence).

1845
À Dresde avec Mme Hanska (mai). Plan définitif de *La Comédie humaine.*

1846
Achat de l'hôtel de la rue Fortunée. *La Cousine Bette.*

1847
Mme Hanska à Paris (février-avril). *Le Cousin Pons.* Premier séjour chez Mme Hanska (septembre). Gros soucis d'argent et de santé.

1849
Second séjour en Ukraine.

1850
Mariage avec Mme Hanska le 14 mars. Mort de Balzac le 18 août, à Paris.

Événements politiques et culturels

1832
Manifestations républicaines aux funérailles du général Lamarque. Sand, *Indiana.* **Goethe, second *Faust.***
Morts de Goethe et de Walter Scott.

1833
Sand, *Lelia.* Musset, *Les Caprices de Marianne.*

1834
Insurrections républicaines à Paris et à Lyon.
Musset, *On ne badine pas avec l'amour, Lorenzaccio.*

1835
Hugo, *Les Chants du crépuscule.* Vigny, *Chatterton.*

1838
Hugo, *Ruy Blas.* Poe, *Arthur Gordon Pym.*

1839
Stendhal, *La Chartreuse de Parme.*

1840
Retour en France des cendres de Napoléon Ier. Mérimée, *Colomba.*

1844
Alexandre Dumas, *Les Trois Mousquetaires.*

1846
Berlioz, *La Damnation de Faust.*

1848
Mort de Chateaubriand.
Révolution de février :
IIe République. Louis Napoléon, président.

1850
Naissance de Guy de Maupassant.

Fiche d'identité de l'œuvre

La Peau de chagrin

Auteur : Honoré de Balzac (32 ans).

Forme : prose du XIXe siècle.

Genre : roman (ou conte) fantastique.

Structure : une préface, 3 parties, un épilogue.

Principaux personnages : Raphaël de Valentin, jeune aristocrate déclassé, intellectuel, idéaliste et ambitieux ; ses amis : Rastignac, arriviste cynique et jouisseur ; Émile, journaliste, confident de Raphaël ; Foedora, « la femme sans cœur », belle, cruelle, inaccessible ; Pauline, jeune fille pure éprise de Raphaël ; Aquilina et Euphrasie, courtisanes ; l'antiquaire, vieillard diabolique.

Sujet : en octobre 1830, Raphaël de Valentin, après avoir perdu sa dernière pièce d'or dans une maison de jeu, décide de se suicider. En attendant le soir, il entre dans un magasin d'antiquités où un vieillard mystérieux lui propose un talisman : une peau de chagrin qui lui permettra de satisfaire ses moindres désirs. Mais, à chaque vœu, son espérance diminuera. Raphaël accepte le pacte. Après avoir rencontré trois de ses amis, il se trouve entraîné dans une folle soirée de plaisirs, chez le financier Taillefer. C'est là qu'il raconte son passé à Émile, notamment son amitié pour la modeste Pauline, fille de sa logeuse, et sa passion malheureuse pour Foedora. Le lendemain de la fête, Raphaël apprend que son désir de richesse a été exaucé : il vient d'hériter d'une fortune colossale. Le voilà riche et puissant. Mais, désormais, chaque souhait a son prix : la peau rétrécit et sa vie s'abrège. Épouvanté, Raphaël vit en reclus. Mais le hasard le met en présence de Pauline devenue une belle et riche jeune femme. Il cède à l'amour qu'elle lui inspire. Il mourra dans une étreinte.

Principaux thèmes : le désir, le fantastique, la société, la richesse, la pauvreté, la femme, la passion, Paris.

Pour ou contre
La Peau de chagrin ?

Pour

Philarète CHASLES :

« Lisez *La Peau de chagrin* ; vous en avez pour trois nuits d'images éclatantes et terribles qui soulèveront les rideaux de votre alcôve, pour peu que la nature vous ait doués d'imagination ; et pour un an de réflexion si vous êtes né contemplateur, observateur et penseur. »

Le Messager des chambres, samedi 6 août 1831.

Stefan ZWEIG :

« Pour la première fois, Balzac laisse soupçonner sa taille dans *La Peau de chagrin*, son premier vrai roman, parce qu'il y découvre son but futur : le roman conçu comme une coupe à travers la société tout entière, mêlant les classes supérieures aux inférieures, la pauvreté et la richesse, les privations et les prodigalités, les hommes de génie et la bourgeoisie, le Paris de la solitude et celui des salons. »

Balzac, le roman de sa vie, Albin Michel, 1946.

André PIEYRE DE MANDIARGUES :

« Rien n'est plus «romantique» que le thème d'un pacte conclu par l'homme avec une puissance inférieure et maudite. »

Préface à *La Peau de chagrin*, Gallimard, 1966.

Contre

SAINTE-BEUVE :

« *La Peau de chagrin*, fétide et putride, spirituel, pourri, enluminé, papilloté et merveilleux par la manière de saisir et de faire briller les moindres petites choses. »

Lettre à Victor Pavie, 18 septembre 1831.

Maurice BARDÈCHE :

« En 1830, il écrivait *La Peau de chagrin* parce que le roman philosophique était à la mode. »

Balzac romancier, Plon, 1949.

Pour mieux lire l'œuvre

✥ Au temps de Balzac

La révolution de 1830 : une déception

La Peau de chagrin porte la marque de l'époque dans laquelle s'inscrit l'intrigue : la fin de la Restauration et le début de la monarchie de Juillet. On passe de Charles X, roi de France, à Louis-Philippe Ier, duc d'Orléans, « roi des Français ». La nuance est de taille : le nouveau régime met en place une monarchie rénovée, assise sur une Constitution, avec, à sa tête, un roi-citoyen qui doit ouvrir le pays à la modernité. Suite logique des Trois glorieuses (27-28-29 juillet), journées révolutionnaires faites d'enthousiasme et d'espoirs, le nouveau régime n'apportera cependant que déception à une jeunesse ardente. Et c'est une société « dangereusement sceptique, blasée et railleuse[1] » qui prendra forme sous le règne de Louis-Philippe.

Une société dans laquelle dominent des nouveaux riches (comme le banquier Taillefer), tandis que la pensée ou l'art, méprisés, ne savent comment exister. Nulle place pour l'idéal ; le talent conduit à une impasse. Désormais, on est bourgeois, mondain et riche, ou l'on n'est rien. Certains, comme Rastignac, opportuniste sans scrupules, saisiront toutes les occasions de se faire une place de choix dans les milieux en vue. D'autres, comme Raphaël, aristocrate déclassé refusant le compromis, viendront grossir les rangs d'une génération désespérée, en proie au « mal du siècle », cette langueur faite d'amertume, de découragement et de lassitude qui conduira au suicide les plus délicats.

Balzac : un jeune auteur ambitieux et endetté

Le XIXe siècle est le siècle du roman. Avec Stendhal (*Le Rouge et le Noir*, 1830) et Victor Hugo (*Notre-Dame de Paris*, 1831), le genre romanesque s'installe durablement sur la scène littéraire. Balzac

1. Charles de Lovenjoul, *Histoire des œuvres de Honoré de Balzac*, 1876.

y occupera jusqu'à sa mort une place dominante, avec d'autres grands noms : Dumas, Flaubert, Zola.

Balzac commence sa carrière d'auteur en publiant des articles, des nouvelles et des romans faciles. Ces œuvres « alimentaires » sont destinées à lui faire gagner de l'argent pour payer ses dettes, car l'écrivain, qui se rêve aussi homme d'affaires, a perdu une fortune après la faillite de son imprimerie (1827) et les créanciers sont à ses trousses !

Publiées sous différents pseudonymes (Lord R'Hoone, anagramme de son prénom « Honoré », Horace de Saint-Aubin...), romanesques à souhait, pleines de péripéties extravagantes, ses premières œuvres utilisent toutes les ficelles du roman populaire. Elles permettent à l'écrivain en herbe d'apprendre son métier. Plus tard, évoquant ses premiers romans, Balzac expliquera : « J'ai écrit sept romans comme simple étude : un pour apprendre le dialogue, un pour apprendre la description, un pour grouper les personnages, un pour la composition...[1] ».

La Peau de chagrin : la formule du roman balzacien

C'est avec *Le Dernier Chouan* (1929) que Balzac trouve sa voie. Premier roman signé de son nom, cette œuvre fondatrice influencée par les romans historiques de l'Anglais Walter Scott inspirera à son auteur une fierté légitime, même si elle fut un échec commercial : « C'est décidément un magnifique poème. La passion y est sublime. Le pays et la guerre y sont dépeints avec une perfection et un bonheur qui m'ont surpris[2]. » La même année, un essai, *La Physiologie du mariage*, « publiée par un jeune célibataire » (!) connaîtra un succès de scandale : désormais plus personne n'oubliera le nom de Balzac !

---

1. Champfleury, Notes historiques sur M. de Balzac, à la suite de Baschet, *Balzac, Essai sur l'homme et sur l'œuvre*.
2. Lettre de Balzac à Mme Hanska, 1843.

Pour mieux lire l'œuvre

Peu après, paraît une « fantaisie presque orientale où la Vie elle-même est peinte aux prises avec le Désir, principe de toute Passion[1] ». C'est *La Peau de chagrin*. Conte pour certains, roman pour d'autres, l'œuvre préface, par bien des aspects, le roman balzacien type tel qu'il prendra forme à partir de 1833, avec *Eugénie Grandet*. On y trouve ce que l'on appellera plus tard « le réalisme balzacien », qui consiste à montrer la réalité dans le moindre détail. Mais aussi un puissant souffle romantique avec le personnage désespéré de Raphaël, une réflexion philosophique où s'exprime un penseur qui se rêve grand esprit, et une magistrale peinture sociale. À cela s'ajoute une veine fantastique qui fait toute l'originalité du roman. Balzac l'exploitera plus tard dans d'autres récits comme *L'Élixir de longue vie* (1830), *Maître Cornélius* (1831), *Melmoth réconcilié* (1835).

Des traits autobiographiques et des influences littéraires

Comment Balzac a-t-il conçu *La Peau de chagrin* ? D'abord en puisant dans sa propre vie. À l'exemple de Raphaël, l'écrivain a vécu dans une mansarde : « À 18 ans, je quittais la maison paternelle, et j'étais dans un grenier, sur Lesdiguières ; y menant la vie que j'ai décrite dans La Peau de chagrin[2]. » Balzac voulait composer une *Théorie de la volonté*, Raphaël s'y attelle. On retrouve aussi dans la personnalité du héros le jeune Balzac, avec sa soif de réussite et de reconnaissance, son ambition intellectuelle, son goût du luxe, son attrait pour les passions romanesques et sa fascination pour les femmes du monde. Enfin, c'est dans le Paris de 1830 que se déroule l'action, celui que Balzac, grand observateur des lieux et des êtres, a arpenté, celui où il a vécu, mangé, aimé. Mais *La Peau de chagrin* s'inspire aussi des *Dangers de l'inconduite*, une nouvelle antérieure de l'auteur parue en 1830, où l'on retrouve, notamment, le person-

---

1. Balzac, Avant-Propos de *La Comédie humaine,* 1842.
2. Lettre de Balzac à Mme Hanska, 2 janvier 1846.

nage inquiétant de l'usurier Gobseck, prototype du vieillard diabolique de *La Peau de chagrin*.

Enfin, grand lecteur, Balzac s'est imprégné de certaines œuvres. La filiation avec les contes des *Mille et Une Nuits* s'affiche explicitement : *La Peau de chagrin* est un « conte oriental, fait avec nos mœurs, avec nos fêtes, nos salons, nos intrigues et notre civilisation[1] ». *Melmoth* (1820) de Charles R. Maturin, de même que le *Faust* de Goethe, traduit par Gérard de Nerval en 1827, ont également laissé leur marque, puisque Balzac reprend le thème fondateur de ces œuvres : le pacte avec une puissance infernale.

Un succès programmé et durable

Pendant plusieurs mois, Balzac se donne tout entier à *La Peau de chagrin* : « Je travaille jour et nuit, ne vivant que de café[2]. » Ses efforts sont payés de succès puisque, en quelques jours, les 750 exemplaires du premier tirage sont épuisés. Mais, si le talent de l'auteur explique cette réussite qui se confirmera par de nouveaux tirages et plusieurs éditions, le sens commercial de Balzac est aussi pour beaucoup dans la fortune de l'œuvre. En effet, avant la publication, l'écrivain a pris soin de mettre le public en appétit en demandant à ses amis journalistes de publier certains extraits dans les journaux littéraires les plus fameux de l'époque. Balzac lui-même a donné des lectures dans les salons où il a ses entrées (par exemple chez madame Récamier). Enfin, dans *La Caricature* du 11 août 1831, il a rédigé, en personne, sous un pseudonyme, l'éloge de son roman !

Aussi, bien que discuté par la critique, Balzac, avec *La Peau de chagrin*, s'attachera un public fidèle et définitivement conquis. Quand il réunira ses romans dans l'incroyable somme de *La Comédie humaine* (137 œuvres qui communiquent entre elles), il donnera à ce livre

---

1. *La Caricature,* 11 août 1831.
2. Balzac, *Correspondance.*

Pour mieux lire l'œuvre

une place qui en dit long sur sa nature véritable : juste après les *Études de mœurs*, en première place dans les *Études philosophiques*.

◌ L'essentiel

Alors que la France aborde une nouvelle page de son histoire après la révolution de 1830, *La Peau de chagrin* reflète le désarroi d'une jeunesse qui ne trouve pas ses repères dans une société réglée par l'argent. Récit en parti autobiographique, mais aussi nourri de souvenirs littéraires, l'œuvre pose les principes du roman balzacien en lui ajoutant une veine fantastique qui conquiert d'emblée le public.

✣ L'œuvre aujourd'hui

Une voie d'accès à *La Comédie humaine*

La Peau de chagrin est un excellent tremplin pour entrer dans *La Comédie humaine*. On y trouve tous les traits qui feront la richesse exceptionnelle du roman balzacien : des descriptions d'un réalisme saisissant (le réveil des invités chez Taillefer, le lendemain de l'orgie) et des portraits remarquables (Foedora, la femme sans cœur ; Pauline, jeune personne sublime) ; des développements philosophiques dans lesquels Balzac interroge et commente la vie à la lumière de différentes théories ; des dialogues éblouissants qui traduisent le caractère des personnages, leurs ambitions, leur sensibilité et leur origine sociale. Et une peinture des mœurs qui, comme un film, met en scène la société contemporaine de Balzac.

En lisant *La Peau de chagrin*, le lecteur se familiarise avec le roman balzacien fondé sur l'observation et se coule dans la vision d'un artiste qui, embrassant la réalité tout entière, s'affirme comme le peintre de « la vie telle qu'elle est[1] ».

Des problématiques toujours actuelles

Œuvre romantique, *La Peau de chagrin* garde une fraîcheur à laquelle sont sensibles les adolescents. Le destin de Raphaël, ce jeune homme doué, épris d'absolu, pose des problèmes toujours d'actualité : comment se faire une place dans la société quand on est idéaliste et pur ? Faut-il exploiter le monde tel qu'il est, comme le fait Rastignac, pour tirer son épingle du jeu et entrer dans le cercle des puissants ? Doit-on vendre sa pensée et son art au plus offrant ? Ou résister — quitte à s'isoler comme le fait le héros — et regarder autour de soi d'un œil amer en refusant les règles du corps social ? L'amour tel qu'il est présenté dans le roman donne aussi à réfléchir en présentant trois types de femmes, c'est-à-dire trois façons d'aimer : les courtisanes qui vendent cher leur jeunesse et leur beauté, Foedora, la créature hautaine et éprise de luxe qui rend les hommes fous par ses refus, enfin, Pauline, la jeune fille généreuse qui fait don de soi.

Un classique de la littérature fantastique

Le champ de la littérature fantastique en France est limité : parmi les œuvres-clés (toutes écrites au XIXe siècle !), on citera *Smarra ou les Démons de la nuit* (1821) et *Trilby ou le Lutin d'Argail* (1822) de Charles Nodier ; *La Cafetière* (1831) et *La Morte amoureuse*, (1836) de Théophile Gautier (1811-1872) ; *La Vénus d'Ille* (1837) de Mérimée. Et bien sûr *La Peau de chagrin*, qui contredit l'analyse de Théophile Gautier : « Le Français n'est pas naturellement fantastique, et en vérité il n'est guère facile de l'être dans un pays où il y a

---

1. Félix Davin, *Introduction aux Études de mœurs et aux Études philosophiques*, 1835.

Pour mieux lire l'œuvre

tant de réverbères et de journaux. — Le demi-jour, si nécessaire au fantastique, n'existe en France ni dans la pensée, ni dans la langue, ni dans les maisons[1]. » Car c'est précisément ce trouble qui séduit le lecteur dans l'œuvre de Balzac, notamment le jeune public, plus que jamais fasciné par l'étrange.

✎ L'essentiel

La Peau de chagrin permet d'aborder *La Comédie humaine* en s'initiant au style de Balzac. L'œuvre propose à travers le destin des personnages une étude de mœurs où Balzac montre les mécanismes sociaux dans toute leur complexité. À la fois récit fantastique et document sur la société de 1830, l'histoire de Raphaël ouvre une réflexion sur des problématiques toujours d'actualité.

---

1. *Chronique de Paris,* 14 août 1836.

La Peau de chagrin

Balzac

Roman (1831)

I. Le talisman

Épisode 1

Vers la fin du mois d'octobre 1830, un jeune homme au « sourire amer » entre dans une maison de jeu, à Paris. Après avoir joué et perdu sa dernière pièce d'or, il décide de se jeter dans la Seine aus-sitôt que la nuit sera tombée. En attendant le moment fatal, il erre
5 *dans Paris « d'un pas mélancolique » puis finit par entrer dans un magasin d'antiquités où sont accumulés objets, meubles, livres et œuvres d'art. Tout à coup une voix terrible l'appelle ; « une espèce de fantôme » fait irruption devant lui : « Il ne l'avait entendu ni venir, ni parler ni se mouvoir. »*

10 Figurez-vous un petit vieillard sec et maigre, vêtu d'une robe en velours noir, serrée autour de ses reins par un gros cordon de soie. Sur sa tête, une calotte¹ en velours également noir laissait passer, de chaque côté de la figure, les longues mèches de ses cheveux blancs et s'appliquait sur le crâne de manière à rigidement enca-
15 drer le front. La robe ensevelissait le corps comme dans un vaste linceul², et ne permettait de voir d'autre forme humaine qu'un visage étroit et pâle. Sans le bras décharné³, qui ressemblait à un bâton sur lequel on aurait posé une étoffe et que le vieillard tenait en l'air pour faire porter sur le jeune homme toute la clarté de la
20 lampe, ce visage aurait paru suspendu dans les airs. Une barbe grise et taillée en pointe cachait le menton de cet être bizarre, et lui donnait l'apparence de ces têtes judaïques⁴ qui servent de types aux artistes quand ils veulent représenter Moïse⁵. Les lèvres de cet homme étaient si décolorées, si minces, qu'il fallait une attention

---

1. **Calotte** : chapeau qui couvre le sommet du crâne.
2. **Linceul** : drap dont on entoure les corps morts.
3. **Décharné** : d'une extrême maigreur.
4. **Judaïques** : juives.
5. **Moïse** : prophète juif.

25 particulière pour deviner la ligne tracée par la bouche dans son blanc visage. Son large front ridé, ses joues blêmes et creuses, la rigueur implacable de ses petits yeux verts, dénués de cils et de sourcils, pouvaient faire croire à l'inconnu que *Le Peseur d'or*[1] de Gérard Dow était sorti de son cadre. Une finesse d'inquisiteur[2], tra-

30 hie par les sinuosités de ses rides et par les plis circulaires dessinés sur ses tempes, accusait[3] une science profonde des choses de la vie. Il était impossible de tromper cet homme qui semblait avoir le don de surprendre les pensées au fond des cœurs les plus discrets. Les mœurs de toutes les nations du globe et leurs sagesses se résu-

35 maient sur sa face froide, comme les productions du monde entier se trouvaient accumulées dans ses magasins poudreux[4] ; vous y auriez lu la tranquillité lucide[5] d'un Dieu qui voit tout, ou la force orgueilleuse d'un homme qui a tout vu.

Un peintre aurait, avec deux expressions différentes et en deux

40 coups de pinceau, fait de cette figure une belle image du Père Éternel[6] ou le masque ricaneur du Méphistophélès[7], car il se trouvait tout ensemble une suprême puissance dans le front et de sinistres railleries sur la bouche. En broyant toutes les peines humaines sous un pouvoir immense, cet homme devait avoir tué

45 les joies terrestres. Le moribond[8] frémit en pressentant que ce vieux génie habitait une sphère étrangère au monde où il vivait seul, sans jouissances, parce qu'il n'avait plus d'illusion, sans douleur, parce qu'il ne connaissait plus de plaisirs. Le vieillard se tenait debout, immobile, inébranlable comme une étoile au milieu d'un

50 nuage de lumière, ses yeux verts, pleins de je ne sais quelle malice calme, semblaient éclairer le monde moral comme sa lampe illumi-

---

1. ***Le Peseur d'or :*** tableau du peintre hollandais Gérard Dow (1664), élève de Rembrandt, représentant un vieil homme à lunettes, une calotte au sommet du crâne, en train de peser de l'or.
2. **Inquisiteur :** individu qui cherche, avec une curiosité indiscrète et violente, à connaître les secrets d'une personne.
3. **Accusait :** révélait avec force.
4. **Poudreux :** poussiéreux.
5. **Lucide :** qui voit clair derrière les apparences.
6. **Père Éternel :** Dieu.
7. **Méphistophélès :** le Diable.
8. **Le moribond :** le jeune inconnu qui s'apprête à mourir.

nait ce cabinet[1] mystérieux. Tel fut le spectacle étrange qui surprit le jeune homme au moment où il ouvrit les yeux, après avoir été bercé par des pensées de mort et de fantasques[2] images.

55 *Le jeune inconnu avoue qu'en attendant la nuit il est venu regarder les richesses du magasin.*

Le soupçonneux marchand examina d'un œil sagace[3] le morne visage de son faux chaland[4] tout en l'écoutant parler. Rassuré bientôt par l'accent de cette voix douloureuse, ou lisant peut-être
60 dans ces traits décolorés les sinistres destinées qui naguère avaient fait frémir les joueurs, il lâcha les mains ; mais par un reste de suspicion[5] qui révéla une expérience au moins centenaire, il étendit nonchalamment le bras vers un buffet comme pour s'appuyer, et dit en y prenant un stylet[6] :
65 — Êtes-vous, depuis trois ans, surnuméraire[7] au trésor[8], sans y avoir touché de gratification[9] ?

L'inconnu ne put s'empêcher de sourire en faisant un geste négatif.

— Votre père vous a-t-il trop vivement reproché d'être venu au
70 monde, ou bien êtes-vous déshonoré ?

— Si je voulais me déshonorer, je vivrais.

— Avez-vous été sifflé aux Funambules[10], ou vous trouvez-vous obligé de composer des flons flons[11] pour payer le convoi[12] de votre

---

1. **Cabinet :** bureau.
2. **Fantasques :** fantaisistes, bizarres.
3. **Sagace :** perçant, pénétrant.
4. **Chaland :** client.
5. **Suspicion :** soupçon, méfiance.
6. **Stylet :** poignard dont la lame est très pointue.
7. **Surnuméraire :** employé qui n'est pas titulaire de son poste.
8. **Trésor :** organisme qui correspond aujourd'hui au ministère des Finances.
9. **Gratification :** somme d'argent qu'on donne aux employés, en plus de leur salaire, pour récompenser leur mérite.
10. **Funambules :** théâtre situé sur l'ancien boulevard du Temple à Paris (aujourd'hui dans le 11e arrondissement). Il connut la célébrité, à partir de 1830, avec des pantomimes. En 1862, le théâtre disparut avec l'ancien boulevard.
11. **Flons flons :** airs joyeux.
12. **Convoi :** voiture qui transporte les morts.

maîtresse ? N'auriez-vous pas plutôt la maladie de l'or ? Voulez-
vous détrôner l'ennui ? Enfin, quelle erreur vous engage à mourir ?

— Ne cherchez pas le principe de ma mort dans les raisons vul-
gaires qui commandent la plupart des suicides. Pour me dispenser
de vous dévoiler des souffrances inouïes et qu'il est difficile d'exprimer en langage humain, je vous dirai que je suis dans la plus
profonde, la plus ignoble, la plus perçante de toutes les misères. Et,
ajouta-t-il d'un ton de voix dont la fierté sauvage démentait[1] ses
paroles précédentes, je ne veux mendier ni secours ni consolations.

— Eh ! eh !

Ces deux syllabes que d'abord le vieillard fit entendre pour toute
réponse ressemblèrent au cri d'une crécelle[2]. Puis il reprit ainsi :

— Sans vous forcer à m'implorer, sans vous faire rougir, et sans
vous donner un centime de France, un parat du Levant, un tarain
de Sicile, un heller d'Allemagne, un copec de Russie, un farthing[3]
d'Écosse, une seule des sesterces[4] ou des oboles[5] de l'ancien
monde, ni une piastre[6] du nouveau, sans vous offrir quoi que ce
soit en or, argent, billon[7], papier, billet, je veux vous faire plus
riche, plus puissant et plus considéré que ne peut l'être un roi
constitutionnel[8].

Le jeune homme crut le vieillard en enfance[9], et resta comme
engourdi, sans oser répondre.

— Retournez-vous, dit le marchand en saisissant tout à coup la
lampe pour en diriger la lumière sur le mur qui faisait face au portrait, et regardez cette peau de chagrin[10], ajouta-t-il.

Le jeune homme se leva brusquement et témoigna quelque surprise en apercevant au-dessus du siège où il s'était assis un mor-

---

1. **Démentait :** contredisait.
2. **Crécelle :** bruit criard et désagréable produit par un moulinet de bois.
3. **Centime [...] parat [...] tarain [...] heller [...] copec [...] farthing :** la plus petite
   monnaie des pays évoqués.
4. **Sesterces :** monnaie romaine.
5. **Oboles :** monnaie grecque.
6. **Piastre :** monnaie d'Égypte, du Liban et de la Syrie.
7. **Billon :** alliage de cuivre et d'une faible dose d'argent.
8. **Roi constitutionnel :** roi dont les pouvoirs sont définis par une Constitution,
   document officiel qui fixe les lois.
9. **En enfance :** dans l'état qui est celui d'un retardé mental.
10. **Chagrin :** cuir rugueux fait, en général, d'une peau de mulet ou d'âne.

ceau de *chagrin* accroché sur le mur, et dont la dimension n'excédait pas celle d'une peau de renard ; mais, par un phénomène inexplicable au premier abord, cette peau projetait au sein de la profonde obscurité qui régnait dans le magasin des rayons si lumineux que vous eussiez dit d'une petite comète[1]. Le jeune incrédule[2] s'approcha de ce prétendu talisman[3] qui devait le préserver du malheur, et s'en moqua par une phrase mentale[4]. Cependant, animé d'une curiosité bien légitime, il se pencha pour la regarder alternativement sous toutes les faces, et découvrit bientôt une cause naturelle à cette singulière lucidité[5] : les grains[6] noirs du chagrin étaient si soigneusement polis[7] et si bien brunis, les rayures capricieuses en étaient si propres et si nettes que, pareilles à des facettes de grenat[8], les aspérités[9] de ce cuir oriental formaient autant de petits foyers qui réfléchissaient vivement la lumière. Il démontra mathématiquement la raison de ce phénomène au vieillard, qui, pour toute réponse, sourit avec malice. Ce sourire de supériorité fit croire au jeune savant qu'il était dupe en ce moment de quelque charlatanisme[10]. Il ne voulut pas emporter une énigme de plus dans la tombe, et retourna promptement la peau comme un enfant pressé de connaître les secrets de son jouet nouveau.

— Ah ! ah ! s'écria-t-il, voici l'empreinte du sceau que les Orientaux nomment le cachet de Salomon[11]. [...]

---

1. **Comète :** astre à queue lumineuse.
2. **Incrédule :** qui ne croit pas ce qu'il voit.
3. **Talisman :** objet qu'on croit doué d'un pouvoir magique et protecteur.
4. **Mentale :** que le jeune homme garde dans son esprit sans l'exprimer de vive voix.
5. **Lucidité :** brillance.
6. **Grains :** dessins que forment les pores et les rainures sur la couche supérieure de la peau.
7. **Polis :** du verbe « polir », frotter, lustrer pour rendre lisse et brillant.
8. **Grenat :** pierre fine à douze faces dont la couleur rouge sombre penche tantôt vers le violet, tantôt vers l'orangé.
9. **Aspérités :** irrégularités.
10. **Charlatanisme :** artifice, tromperie du charlatan, homme qui prétend posséder certains secrets merveilleux.
11. **Sceau que les Orientaux nomment le cachet de Salomon :** il s'agit de l'étoile à six branches dont l'empreinte se trouvait sur l'anneau magique qui conférait la toute-puissance à Salomon (roi d'Israël de 970 à 931 avant Jésus-Christ selon la Bible).

— Puisque vous êtes un orientaliste[1], reprit le vieillard, peut-être lirez-vous cette sentence[2].

Il apporta la lampe près du talisman que le jeune homme tenait à l'envers, et lui fit apercevoir des caractères incrustés dans le tissu cellulaire[3] de cette peau merveilleuse[4], comme s'ils eussent été produits par l'animal auquel elle avait jadis appartenu.

— J'avoue, s'écria l'inconnu, que je ne devine guère le procédé dont on se sera servi pour graver si profondément ces lettres sur la peau d'un onagre[5].

Et, se retournant avec vivacité vers les tables chargées de curiosités, ses yeux parurent y chercher quelque chose.

— Que voulez-vous ? demanda le vieillard.

— Un instrument pour trancher le chagrin, afin de voir si les lettres y sont empreintes ou incrustées.

Le vieillard présenta son stylet à l'inconnu, qui le prit et tenta d'entamer la peau à l'endroit où les paroles se trouvaient écrites ; mais, quand il eut enlevé une légère couche de cuir, les lettres y reparurent si nettes et tellement conformes à celles qui étaient imprimées sur la surface, que, pendant un moment, il crut n'en avoir rien ôté.

— L'industrie du Levant[6] a des secrets qui lui sont réellement particuliers, dit-il en regardant la sentence orientale avec une sorte d'inquiétude.

— Oui, répondit le vieillard, il vaut mieux s'en prendre aux hommes qu'à Dieu !

Les paroles mystérieuses étaient disposées de la manière suivante :

---

1. **Orientaliste :** savant qui étudie les cultures des pays d'Orient situés autour de la Méditerranée.
2. **Sentence :** énoncé d'une règle morale ou d'une loi générale.
3. **Le tissu cellulaire :** le grain (voir note 6, p. 24).
4. **Merveilleuse :** dotée de pouvoirs surnaturels.
5. **Onagre :** âne sauvage, d'une agilité et d'une rapidité remarquables.
6. **L'industrie du Levant :** le savoir-faire de l'Orient.

I. Le talisman

لو مكلتني ملكت آلكل
و لكن عمرك ملكي
واراد الله هكذا
اطلب وستنفال مطالبك
و لكن قس مطالبك على عمرك
وهي هاهنا
فبكل مرامك استسنزل ايامك
أتريد في
الله يجيبك
آمين

150   Ce qui voulait dire en français :

SI TU ME POSSÈDES, TU POSSÉDERAS TOUT.
MAIS TA VIE M'APPARTIENDRA. DIEU L'A
VOULU AINSI. DÉSIRE, ET TES DÉSIRS
SERONT ACCOMPLIS. MAIS RÈGLE

155   TES SOUHAITS SUR TA VIE.
ELLE EST LÀ. À CHAQUE
VOULOIR[1] JE DÉCROÎTRAI
COMME TES JOURS.
ME VEUX-TU ? PRENDS. DIEU

160   T'EXAUCERA[2].
SOIT !

---

1. **Vouloir :** vœu.
2. **T'exaucera :** accomplira ton désir.

26

— Ah ! vous lisez couramment le sanscrit[1], dit le vieillard. Peut-être avez-vous voyagé en Perse[2] ou dans le Bengale[3] ?

165 — Non, monsieur, répondit le jeune homme en tâtant avec curiosité cette peau symbolique[4], assez semblable à une feuille de métal par son peu de flexibilité.

Le vieux marchand remit la lampe sur la colonne où il l'avait prise, en lançant au jeune homme un regard empreint d'une froide ironie qui semblait dire : Il ne pense déjà plus à mourir.

170 — Est-ce une plaisanterie, est-ce un mystère ? demanda le jeune inconnu.

Le vieillard hocha de la tête et dit gravement :

— Je ne saurais vous répondre. J'ai offert le terrible pouvoir que donne ce talisman à des hommes doués de plus d'énergie que

175 vous ne paraissez en avoir ; mais, tout en se moquant de la problématique influence qu'il devait exercer sur leurs destinées futures, aucun n'a voulu se risquer à conclure ce contrat si fatalement proposé par je ne sais quelle puissance.

« J'avais résolu ma vie par l'étude et par la pensée ; mais elles ne
180 *m'ont même pas nourri », constate amèrement l'inconnu.*

Il s'empare alors du talisman et, par provocation, fait les vœux les plus fous.

— Voyons ! ajouta-t-il en serrant le talisman d'une main convulsive[5] et regardant le vieillard. Je veux un dîner royalement splen-

185 dide, quelque bacchanale[6] digne du siècle où tout s'est, dit-on, perfectionné ! Que mes convives soient jeunes, spirituels et sans préjugés, joyeux jusqu'à la folie ! Que les vins se succèdent tou-

---

1. **Sanscrit :** langue littéraire et sacrée de la civilisation brahmanique de l'Inde (voir plus loin « Brachmane », note 4, p. 28). En fait, les lettres sont écrites en arabe.
2. **Perse :** ancien nom de l'Iran.
3. **Le Bengale :** région d'Asie méridionale, partagée entre l'Inde et le Bangladesh, située entre l'Himalaya et le golfe du Bengale.
4. **Symbolique :** qui représente un pouvoir surnaturel.
5. **Convulsive :** agitée, nerveuse.
6. **Bacchanale :** fête au cours de laquelle s'accomplissent tous les excès.

jours plus incisifs[1], plus pétillants, et soient de force à nous enivrer pour trois jours ! Que la nuit soit parée de femmes ardentes ! […]

190 « Un éclat de rire, parti de la bouche du petit vieillard, retentit dans les oreilles du jeune fou comme un bruissement de l'enfer. » […]

— Croyez-vous, dit le marchand, que mes planchers vont s'ouvrir tout à coup pour donner passage à des tables somptueusement
195 servies et à des convives de l'autre monde[2] ? Non, non, jeune étourdi. Vous avez signé le pacte : tout est dit. Maintenant vos volontés seront scrupuleusement satisfaites, mais aux dépens de votre vie. Le cercle de vos jours, figuré par cette peau, se resserrera suivant la force et le nombre de vos souhaits, depuis le plus
200 léger jusqu'au plus exorbitant[3]. Le brachmane[4] auquel je dois ce talisman m'a jadis expliqué qu'il s'opérerait un mystérieux accord entre les destinées et les souhaits du possesseur. Votre premier désir est vulgaire, je pourrais le réaliser ; mais j'en laisse le soin aux événements de votre nouvelle existence. Après tout, vous vouliez
205 mourir ? Eh bien ! votre suicide n'est que retardé.
L'inconnu, surpris et presque irrité de se voir toujours plaisanté par ce singulier vieillard dont l'intention demi-philanthropique[5] lui parut clairement démontrée dans cette dernière raillerie, s'écria :
— Je verrai bien, monsieur, si ma fortune[6] changera pendant le
210 temps que je vais mettre à franchir la largeur du quai. Mais, si vous ne vous moquez pas d'un malheureux, je désire, pour me venger d'un si fatal service, que vous tombiez amoureux d'une danseuse ! Vous comprendrez alors le bonheur d'une débauche, et peut-être

---

1. **Incisifs :** mordants, piquants.
2. **L'autre monde :** l'au-delà.
3. **Exorbitant :** excessif.
4. **Brachmane :** ou brahmane, prêtre formant la première des quatre grandes castes (tribus) chez les hindous.
5. **Philanthropique :** qui agit par amour de l'humanité et non par intérêt.
6. **Fortune :** sort.

deviendrez-vous prodigue[1] de tous les biens que vous avez si philosophiquement ménagés[2].

Il sortit sans entendre un grand soupir que poussa le vieillard, traversa les salles et descendit les escaliers de cette maison, suivi par le gros garçon joufflu qui voulut vainement l'éclairer : il courait avec la prestesse d'un voleur pris en flagrant délit. Aveuglé par une sorte de délire, il ne s'aperçut même pas de l'incroyable ductilité[3] de la peau de chagrin, qui, devenue souple comme un gant, se roula sous ses doigts frénétiques[4] et put entrer dans la poche de son habit où il la mit presque machinalement. En s'élançant de la porte du magasin sur la chaussée, il heurta trois jeunes gens qui se tenaient bras dessus bras dessous.

— Animal !

— Imbécile !

Telles furent les gracieuses interpellations qu'ils échangèrent.

— Eh ! c'est Raphaël.

— Ah bien ! nous te cherchions.

— Quoi ! c'est vous ?

Ces trois phrases amicales succédèrent à l'injure aussitôt que la clarté d'un réverbère balancé par le vent frappa les visages de ce groupe étonné.

— Mon cher ami, dit à Raphaël le jeune homme qu'il avait failli renverser, tu vas venir avec nous.

— De quoi s'agit-il donc ?

— Avance toujours, je te conterai l'affaire en marchant.

De force ou de bonne volonté, Raphaël fut entouré de ses amis, qui, l'ayant enchaîné par les bras dans leur joyeuse bande, l'entraînèrent vers le Pont-des-Arts[5].

— Mon cher, dit l'orateur[6] en continuant, nous sommes à ta poursuite depuis une semaine environ. À ton respectable hôtel

---

1. **Prodigue :** qui dépense et distribue sans compter.
2. **Ménagés :** économisés.
3. **Ductilité :** souplesse.
4. **Frénétiques :** nerveux, agités.
5. **Le Pont-des-Arts :** le pont des Arts enjambe la Seine, dans le centre de Paris.
6. **Orateur :** personne qui sait tenir un auditoire par son discours.

I. Le talisman

Saint-Quentin[1], dont par parenthèse l'enseigne[2] inamovible[3] offre
des lettres toujours alternativement noires et rouges comme au
temps de J.-J. Rousseau[4], ta Léonarde[5] nous a dit que tu étais parti
pour la campagne au mois de juin. Cependant nous n'avions
certes pas l'air de gens d'argent, huissiers[6], créanciers[7], gardes du
commerce, etc. N'importe ! Rastignac t'avait aperçu la veille aux
Bouffons[8], nous avons repris courage, et mis de l'amour-propre à
découvrir si tu te perchais sur les arbres des Champs-Élysées, si tu
allais coucher pour deux sous dans ces maisons philanthropiques
où les mendiants dorment appuyés sur des cordes tendues[9], ou si,
plus heureux, ton bivouac[10] n'était pas établi dans quelque boudoir[11]. Nous ne t'avons rencontré nulle part, ni sur les écrous[12] de
Sainte-Pélagie[13], ni sur ceux de la Force[14] ! Les ministères, l'Opéra,
les maisons conventuelles[15], cafés, bibliothèques, listes de préfets,
bureaux de journalistes, restaurants, foyers de théâtre, bref, tout ce
qu'il y a dans Paris de bons et de mauvais lieux ayant été savam-
ment explorés, nous gémissions sur la perte d'un homme doué
d'assez de génie pour se faire également chercher à la cour et dans

---

1. **Hôtel Saint-Quentin :** le petit hôtel où Raphaël occupe une mansarde (sorte de grenier).
2. **Enseigne :** panneau sur lequel est inscrit le nom d'un commerce.
3. **Inamovible :** bien fixée, qu'on ne peut enlever.
4. **J.-J. Rousseau :** écrivain philosophe qui a effectivement séjourné dans cet hôtel, en 1742. Il l'évoque en ces termes dans ses *Confessions* : « vilaine rue, vilain hôtel, vilaine chambre ».
5. **Ta Léonarde :** définit une personne originaire d'un lieu ; ici, désigne la proprié-taire du lieu où habite Raphaël, c'est-à-dire madame Gaudin, sa logeuse.
6. **Huissiers :** officiers de justice chargés de mettre à exécution les jugements, notamment de prendre, pour les vendre aux enchères, les biens des gens qui ne peuvent pas payer leurs dettes.
7. **Créanciers :** personnes à qui l'on doit de l'argent.
8. **Bouffons :** le Théâtre-Italien (salle Favart).
9. **Sur des cordes tendues :** ces cordes étaient brusquement détendues par la force publique pour faire déguerpir les mendiants.
10. **Bivouac :** campement.
11. **Boudoir :** petit salon de femme.
12. **Les écrous :** registres où sont inscrites les entrées et les sorties des détenus dans une prison.
13. **Sainte-Pélagie :** prison des hommes condamnés pour dette.
14. **La Force :** prison qui accueillait toute sortes de condamnés.
15. **Maisons conventuelles :** maisons où vivent les religieux et les religieuses.

les prisons. Nous parlions de te canoniser[1] comme un héros de juillet[2] ! et, ma parole d'honneur, nous te regrettions.

En ce moment, Raphaël passait avec ses amis sur le Pont-des-Arts, d'où, sans les écouter, il regardait la Seine dont les eaux mugissantes répétaient les lumières de Paris. Au-dessus de ce fleuve, dans lequel il voulait se précipiter naguère, les prédictions du vieillard étaient accomplies, l'heure de sa mort se trouvait déjà fatalement retardée.

---

1. **Canoniser :** classer une personne parmi les saints.
2. **Comme un héros de juillet :** allusion aux Trois Glorieuses, journées révolutionnaires des 27, 28, 29 juillet 1830, qui renversèrent Charles X et mirent fin à la Restauration. Les insurgés étaient jeunes et idéalistes. Ils avaient le soutien de la jeunesse.

Clefs d'analyse

Action et personnages

1. Dans quelle intention le jeune homme pénètre-t-il chez l'antiquaire ?

2. En vous référant aux indices les plus révélateurs du récit (premier paragraphe), justifiez l'expression « cet être bizarre » qui désigne le petit vieillard. Réalisez le même travail pour justifier l'emploi de l'expression « ce vieux génie ».

3. Décrivez la personnalité et l'état psychologique du jeune homme à la lumière de sa réplique : « Ne cherchez pas... ni secours ni consolations » (l. 76-82).

4. Quelle proposition le vieillard fait-il au jeune désespéré ? Pourquoi ce dernier croit-il que son interlocuteur est fou ?

5. Quelles sont les particularités de la peau de chagrin ? Quelles réactions successives affiche le jeune homme devant le « prétendu talisman » ?

6. Comment réagit la Peau quand l'inconnu tente de l'entamer avec le stylet du vieillard ? Quand il la met dans sa poche en sortant du magasin d'antiquités ?

7. Quel marché propose le texte inscrit sur la Peau ? Comment expliquez-vous que tous ceux à qui le marchand a offert la Peau aient refusé la proposition ?

8. Quels souhaits exprime l'inconnu ? Que révèle-t-il ainsi de sa vie et de son caractère ?

9. Les amis de l'inconnu méritent-ils d'être évoqués comme une « joyeuse bande » par le narrateur ? Pourquoi ? Prenez appui sur la scène de la rencontre entre le héros et ses camarades.

Langue

1. Le héros est tour à tour évoqué comme « le moribond », « le jeune homme », « l'inconnu » : quelles nuances sont attachées à ces trois façons de nommer ce personnage au début du roman ?

Genre ou thèmes

1. À qui s'adresse le narrateur dans la phrase « Figurez-vous... » (l. 10) ? Trouvez dans le premier paragraphe du récit une autre

intervention de ce type. À votre avis, pour quelle raison le narrateur affirme-t-il ainsi sa présence ?

2. Montrez que l'apparition du vieillard, sa personnalité et les pouvoirs de la peau de chagrin inscrivent d'emblée le récit dans le registre fantastique.

3. Commentez la force dramatique des mots du marchand : « Après tout, vous vouliez mourir ? Eh bien ! votre suicide n'est que retardé. »

Écriture

1. À la place de l'inconnu, auriez-vous accepté le pacte proposé par la peau de chagrin ? Expliquez très précisément vos raisons.

2. Le vieillard surgit dans le magasin de façon tout à fait inattendue. Imaginez une scène semblable dans laquelle vous êtes surpris par l'arrivée brusque et imprévue d'un personnage énigmatique au moment où vous vous y attendez le moins.

Pour aller plus loin

1. L'action commence en 1830. En vous aidant de l'avant-texte de votre Petit Classique et en vous reportant à un livre d'histoire, expliquez pourquoi cette date est importante en France sur le plan politique et social.

✳ À retenir

Le fantastique se définit comme l'irruption d'un fait inexplicable et inquiétant dans le quotidien d'un personnage. L'apparition soudaine du petit vieillard, son physique saisissant et ses sarcasmes baignent le récit dans une atmosphère étrange. Quant à la Peau qui promet à l'inconnu de réaliser tous ses désirs aux dépens de sa vie, elle est l'instrument magique et redoutable d'une mort retardée.

I. Le talisman

Épisode 2

Les trois amis entraînent Raphaël chez le banquier Taillefer. Pour
célébrer le lancement d'un nouveau journal, cet homme d'affaires
immensément riche organise une fête de tous les plaisirs, où se
presse une foule d'artistes, de journalistes et d'écrivains. Le décor est
5 *somptueux.*

Avant de quitter les salons, Raphaël y jeta un dernier coup d'œil.
Son souhait était certes bien complètement réalisé : la soie et l'or
tapissaient les appartements, de riches candélabres[1] supportant
d'innombrables bougies faisaient briller les plus légers détails des
10 frises[2] dorées, les délicates ciselures du bronze et les somptueuses
couleurs de l'ameublement ; les fleurs rares de quelques jardinières[3] artistement construites avec des bambous, répandaient de
doux parfums ; les draperies respiraient[4] une élégance sans prétention ; il y avait en tout je ne sais quelle grâce poétique dont le
15 prestige devait agir sur l'imagination d'un homme sans argent.

Après « les jouissances excessives du festin », d'autres distractions
attendent les invités ivres de vins et de paroles : « Sous les étin-
celantes bougies d'un lustre d'or, autour d'une table chargée de
vermeil[5], un groupe de femmes se présenta soudain aux convives
20 *hébétés[6] dont les yeux s'allumèrent comme autant de diamants.*
Riches étaient les parures, mais plus riches encore étaient ces beautés
éblouissantes devant lesquelles disparaissaient toutes les merveilles
de ce palais. » Raphaël de Valentin (c'est le nom du héros) et son ami

---

1. **Candélabres :** grands chandeliers à plusieurs branches.
2. **Frises :** une frise est un bandeau de faible largeur peint ou sculpté qui décore le
   haut d'un édifice, d'une pièce ou d'un objet quelconque.
3. **Jardinières :** bacs où sont cultivées les fleurs d'appartement.
4. **Respiraient :** exprimaient.
5. **Vermeil :** couverts et vaisselle d'argent (autrefois de cuivre), recouverts d'une
   dorure tirant sur le rouge.
6. **Hébétés :** abrutis par l'alcool et les excès de nourriture.

Émile (« un jeune journaliste qui avait conquis plus de gloire à ne
rien faire que les autres n'en recueillent de leurs succès ») admirent
les splendides créatures.

Assis sur un moelleux divan, les deux amis virent d'abord arriver près d'eux une grande fille bien proportionnée, superbe en son maintien, de physionomie assez irrégulière, mais perçante, mais impétueuse, et qui saisissait l'âme par de vigoureux contrastes. Sa chevelure noire, lascivement[1] bouclée, semblait avoir déjà subi les combats de l'amour, et retombait en flocons légers sur ses larges épaules, qui offraient des perspectives attrayantes à voir ; de longs rouleaux bruns enveloppaient à demi un cou majestueux sur lequel la lumière glissait par intervalles en révélant la finesse des plus jolis contours, sa peau, d'un blanc mat, faisait ressortir les tons chauds et animés de ses vives couleurs ; l'œil, armé de longs cils, lançait des flammes hardies, étincelles d'amour ; la bouche, rouge, humide, entrouverte, appelait le baiser. […]

Vêtue d'une robe en velours rouge, elle foulait d'un pied insouciant quelques fleurs déjà tombées de la tête de ses compagnes, et d'une main dédaigneuse tendait aux deux amis un plateau d'argent. Fière de sa beauté, fière de ses vices peut-être, elle montrait un bras blanc, qui se détachait vivement sur le velours. Elle était là comme la reine du plaisir, comme une image de la joie humaine, de cette joie qui dissipe les trésors amassés par trois générations, qui rit sur des cadavres, se moque des aïeux, dissout des perles et des trônes, transforme les jeunes gens en vieillards, et souvent les vieillards en jeunes gens ; de cette joie permise seulement aux géants fatigués du pouvoir, éprouvés par la pensée, ou pour lesquels la guerre est devenue comme un jouet.
— Comment te nommes-tu ? lui dit Raphaël.
— Aquilina.
— Oh ! oh ! tu viens de *Venise sauvée*[2], s'écria Émile.

---

1. **Lascivement :** voluptueusement, pour exciter le désir des hommes.
2. **Venise sauvée :** tragédie de l'auteur anglais Otway (1682) qui triomphait en France et dont l'héroïne s'appelle Aquilina.

55   — Oui, répondit-elle. De même que les papes se donnent de nouveaux noms en montant au-dessus des hommes, j'en ai pris un autre en m'élevant au-dessus de toutes les femmes.

Arrive « la plus innocente, la plus jolie et la plus gentille petite créature qui sous la baguette d'une fée fût jamais sortie d'un œuf
60   *enchanté ».*

    Elle était arrivée à pas muets, et montrait une figure délicate, une taille grêle[1], des yeux bleus ravissants de modestie, des tempes fraîches et pures. Une naïade[2] ingénue[3], qui s'échappe de sa source, n'est pas plus timide, plus blanche ni plus naïve. Elle
65   paraissait avoir seize ans, ignorer le mal, ignorer l'amour, ne pas connaître les orages de la vie, et venir d'une église où elle aurait prié les anges d'obtenir avant le temps son rappel dans les cieux. À Paris seulement se rencontrent ces créatures au visage candide[4] qui cachent la dépravation[5] la plus profonde, les vices[6] les plus
70   raffinés, sous un front aussi doux, aussi tendre que la fleur d'une marguerite. Trompés d'abord par les célestes[7] promesses écrites dans les suaves[8] attraits de cette jeune fille, Émile et Raphaël acceptèrent le café qu'elle leur versa dans les tasses présentées par Aquilina, et se mirent à la questionner. [...]

75   — Je voudrais bien savoir, dit Émile à cette jolie créature, si parfois tu songes à l'avenir.
    — L'avenir ! répondit-elle en riant. Qu'appelez-vous l'avenir ? Pourquoi penserais-je à ce qui n'existe pas encore ? Je ne regarde jamais ni en arrière ni en avant de moi. N'est-ce pas déjà trop que

---

1. **Grêle :** menue, mince.
2. **Naïade :** nymphe, divinité des eaux douces, d'un ruisseau ou d'une fontaine, qui, dans l'antiquité gréco-romaine, personnifie la nature pure et charmante.
3. **Ingénue :** innocente.
4. **Candide :** pur, naïf.
5. **Dépravation :** vice.
6. **Vices :** comportement ou actes immoraux.
7. **Célestes :** venant du ciel, divines.
8. **Suaves :** doux.

80 de m'occuper d'une journée à la fois ? D'ailleurs, l'avenir, nous le connaissons, c'est l'hôpital.

— Comment peux-tu voir d'ici l'hôpital et ne pas éviter d'y aller ? s'écria Raphaël.

— Qu'a donc l'hôpital de si effrayant ? demanda la terrible
85 Aquilina. Quand nous ne sommes ni mères ni épouses, quand la vieillesse nous met des bas noirs aux jambes et des rides au front, flétrit tout ce qu'il y a de femme en nous et sèche la joie dans les regards de nos amis, de quoi pourrions-nous avoir besoin ? Vous ne voyez plus alors en nous, de notre parure, que sa fange pri-
90 mitive[1], qui marche sur deux pattes, froide, sèche, décomposée, et va produisant un bruissement de feuilles mortes. Les plus jolis chiffons nous deviennent des haillons, l'ambre[2] qui réjouissait le boudoir prend une odeur de mort et sent le squelette ; puis, s'il se trouve un cœur dans cette boue, vous y insultez tous, vous ne
95 nous permettez même pas un souvenir. Ainsi, que nous soyons, à cette époque de la vie, dans un riche hôtel à soigner des chiens, ou dans un hôpital à trier des guenilles[3], notre existence n'est-elle pas exactement la même ? Cacher nos cheveux blancs sous un mou-choir à carreaux rouges et bleus ou sous des dentelles, balayer les
100 rues avec du bouleau[4] ou les marches des Tuileries[5] avec du satin[6], être assises à des foyers dorés[7] ou nous chauffer à des cendres

---

1. **Fange primitive :** bassesse originale, immoralité masquée par la beauté de la jeu-nesse et le luxe de la parure (vêtements, bijoux).
2. **Ambre :** résine qui dégage un parfum très fort.
3. **Guenilles :** vêtements en loques, haillons.
4. **Bouleau :** balai fabriqué avec des rameaux de bouleau, qu'utilisaient les canton-niers pour balayer les rues, les trottoirs et les caniveaux.
5. **Tuileries :** le palais des Tuileries, près du Louvre, dans les beaux quartiers de la capitale.
6. **Avec du satin :** les robes et jupons en satin qu'on portait longs en ce temps-là.
7. **Foyers dorés :** belles cheminées décorées à la feuille d'or qu'on trouve dans les appartements de luxe.

I. Le talisman

dans un pot de terre rouge[1], assister au spectacle de la Grève[2], ou aller à l'Opéra, y a-t-il donc là tant de différence ?

— *Aquilina mia*[3], jamais tu n'as eu tant de raison au milieu de tes désespoirs, reprit Euphrasie. Oui, les cachemires[4], les vélins[5], les parfums, l'or, la soie, le luxe, tout ce qui brille, tout ce qui plaît ne va bien qu'à la jeunesse. Le temps seul pourrait avoir raison contre nos folies, mais le bonheur nous absout[6]. Vous riez de ce que je dis, s'écria-t-elle en lançant un sourire venimeux[7] aux deux amis ; n'ai-je pas raison ? J'aime mieux mourir de plaisir que de maladie. Je n'ai ni la manie de la perpétuité[8] ni grand respect pour l'espèce humaine à voir[9] ce que Dieu en fait ! Donnez-moi des millions, je les mangerai ; je ne voudrais pas garder un centime pour l'année prochaine. Vivre pour plaire et régner, tel est l'arrêt[10] que prononce chaque battement de mon cœur. La société m'approuve ; ne fournit-elle pas sans cesse à mes dissipations ?[11] Pourquoi le bon Dieu me fait-il tous les matins la rente[12] de ce que je dépense tous les soirs ? pourquoi nous bâtissez-vous des hôpitaux ? Comme il ne nous a pas mis entre le bien et le mal pour choisir ce qui nous blesse ou nous ennuie, je serais bien sotte de ne pas m'amuser.

— Et les autres ? dit Émile.

---

1. **Pot de terre rouge :** à une époque où le chauffage central n'existait pas, on pouvait se réchauffer (notamment les pieds) en s'approchant d'un pot en terre garni de cendres chaudes.
2. **Assister au spectacle de la Grève :** c'est sur la place de Grève (aujourd'hui place de l'Hôtel-de-Ville, dans le 1er arrondissement de Paris) qu'étaient exécutés les condamnés à mort, devant une foule populaire.
3. *Aquilina mia :* mon Aquilina (expression affectueuse, empruntée à l'italien).
4. **Cachemires :** châles en cachemire, tissu luxueux très fin fait avec le poil des chèvres ou des moutons du « petit Tibet ». Très en vogue à l'époque.
5. **Vélins :** nom donné, à Alençon, à une espèce de dentelle souvent appelée « point royal ».
6. **Absout :** verbe « absoudre », innocenter, laver de toutes les fautes.
7. **Venimeux :** plein de haine.
8. **Perpétuité :** éternité.
9. **À voir :** si je considère.
10. **Arrêt :** verdict, loi, décision.
11. **Ne fournit-elle pas sans cesse à mes dissipations ? :** ne me donne-t-elle pas les moyens de satisfaire mes vices ?
12. **Rente :** revenu versé régulièrement.

— Les autres ? Eh bien, qu'ils s'arrangent ! J'aime mieux rire de leurs souffrances que d'avoir à pleurer sur les miennes. Je défie un homme de me causer la moindre peine.

125 — Qu'as-tu donc souffert pour penser ainsi ? demanda Raphaël.

— J'ai été quittée pour un héritage, moi ! dit-elle en prenant une pose qui fit ressortir toutes ses séductions. Et cependant j'avais passé les nuits et les jours à travailler pour nourrir mon amant. Je ne veux plus être la dupe d'aucun sourire, d'aucune promesse, et

130 je prétends faire de mon existence une longue partie de plaisir.

— Mais, s'écria Raphaël, le bonheur ne vient-il donc pas de l'âme ?

— Eh bien, reprit Aquilina, n'est-ce rien que de se voir admirée, flattée, de triompher de toutes les femmes, même des plus

135 vertueuses, en les écrasant par notre beauté, par notre richesse ? D'ailleurs nous vivons plus en un jour qu'une bonne bourgeoise en dix ans, et alors tout est jugé.

— Une femme sans vertu n'est-elle pas odieuse ? dit Émile à Raphaël.

140 Euphrasie leur lança un regard de vipère, et répondit avec un inimitable accent d'ironie :

— La vertu ! nous la laissons aux laides et aux bossues. Que seraient-elles sans cela, les pauvres femmes ?

— Allons, tais-toi, s'écria Émile, ne parle point de ce que tu ne

145 connais pas.

— Ah ! je ne la connais pas ! reprit Euphrasie. Se donner pendant toute la vie à un être détesté, savoir élever des enfants qui vous abandonnent, et leur dire : Merci ! quand ils vous frappent au cœur ; voilà les vertus que vous ordonnez à la femme. Encore,

150 pour la récompenser de son abnégation[1], venez-vous lui imposer des souffrances en cherchant à la séduire ; si elle résiste, vous la compromettez. Jolie vie ! Autant rester libres, aimer ceux qui nous plaisent et mourir jeunes.

— Ne crains-tu pas de payer tout cela un jour ?

155 — Eh bien, répondit-elle, au lieu d'entremêler mes plaisirs de chagrins, ma vie sera coupée en deux parts : une jeunesse certai-

---

1. **Abnégation :** dévouement désintéressé.

nement joyeuse, et je ne sais quelle vieillesse incertaine pendant laquelle je souffrirai tout à mon aise.

En fin de soirée, alors que les invités écroulés sous le poids des plaisirs laissent place au silence, Émile interroge Raphaël :

« Quelle expérience voulais-tu donc faire en te jetant dans la Seine ?

– Ah ! si tu connaissais ma vie », lui répond le jeune désespéré avant d'entamer le récit de ses jeunes années...

II. La femme sans cœur

Épisode 2

165 *D'abord, Raphaël évoque son père :*

Pour te révéler les tristesses de ma vie, il suffira peut-être de te dépeindre mon père : un grand homme sec et mince, le visage en lame de couteau, le teint pâle, à parole brève, taquin comme une vieille fille, méticuleux comme un chef de bureau. Sa paternité planait au-dessus de mes lutines[1] et joyeuses pensées, et les enfermait comme sous un dôme de plomb. Si je voulais lui manifester un sentiment doux et tendre, il me recevait en enfant qui va dire une sottise. Je le redoutais bien plus que nous ne craignions naguère nos maîtres d'étude. J'avais toujours huit ans pour lui. Je crois encore le voir devant moi : dans sa redingote marron, où il tenait droit comme un siège pascal[2], il avait l'air d'un hareng ur[3] enveloppé dans la couverture rougeâtre d'un pamphlet[4]. endant j'aimais mon père, au fond il était juste. Peut-être aïssons-nous pas la sévérité quand elle est justifiée par un l caractère, par des mœurs pures, et qu'elle est adroitement nêlée de bonté. Si mon père ne me quitta jamais, si jusqu'à e vingt ans, il ne laissa pas dix francs à ma disposition, dix , dix libertins de francs, trésor immense dont la possession nt enviée me faisait rêver d'ineffables[5] délices, il cherchait à me procurer quelques distractions.

aconte la ruine financière de sa famille qui n'a pas réussi les terres dont elle était propriétaire, à l'étranger, sous

---

gles, malicieuses.
iège droit faisant partie du mobilier d'église.
areng salé et séché à la fumée.
combatif et satirique.
criptibles.
u premier Empire, instauré par Napoléon Bonaparte, de 1804 à

II. La femme sans cœur

Dix mois après avoir payé ses créanciers, mon père mourut de chagrin. Il m'adorait et m'avait ruiné ; cette idée le tua. En 1826, à l'âge de vingt-deux ans, vers la fin de l'automne, je suivis tout seul le convoi[1] de mon premier ami, de mon père. Peu de jeunes gens se sont trouvés, seuls avec leurs pensées, derrière un corbillard, perdus dans Paris, sans avenir, sans fortune. Les orphelins recueillis par la charité publique ont au moins pour avenir le champ de bataille, pour père le gouvernement ou le procureur du roi[2], pour refuge un hospice[3]. Moi, je n'avais rien ! Trois mois après, un commissaire-priseur[4] me remit onze cent douze francs, produit net et liquide de la succession paternelle[5]. Des créanciers m'avaient obligé à vendre notre mobilier. Accoutumé dès ma jeunesse à donner une grande valeur aux objets de luxe dont j'étais entouré, je ne pus m'empêcher de marquer une sorte d'étonnement à l'aspect de ce reliquat exigu[6].

— Oh ! me dit le commissaire-priseur, tout cela était bien rococo[7].

Mot épouvantable qui flétrissait toutes les religions[8] de mon enfance et me dépouillait de mes premières illusions, les plus chères de toutes. Ma fortune se résumait par un bordereau de vente[9], mon avenir gisait dans un sac de toile qui contenait onze cent douze francs, la société m'apparaissait en la personne d'un huissier-priseur[10] qui me parlait le chapeau sur la tête. Un valet de chambre qui me chérissait, et auquel ma mère avait jadis constitué quatre cents francs de rente viagère[11], Jonathas me dit en quittant

---

1. **Convoi :** ensemble des véhicules qui suivent un corbillard lors d'un enterrement
2. **Procureur du roi :** officier chargé des intérêts du roi et du public.
3. **Hospice :** hôpital.
4. **Commissaire-priseur :** personne qui, aidée d'un expert, évalue le prix des objets vendus aux enchères, reçoit les enchères (propositions d'achat) et conclut vente.
5. **La succession paternelle :** les biens que Raphaël a hérités de son père.
6. **Ce reliquat exigu :** ces modestes restes du passé.
7. **Rococo :** sans valeur. Le commissaire-priseur traite les biens de « vieilleries ».
8. **Religions :** croyances, valeurs.
9. **Bordereau de vente :** facture, relevé de la vente.
10. **Huissier-priseur :** commissaire-priseur.
11. **Quatre cents francs de rente viagère :** il était d'usage d'assurer à un dome resté longtemps dans une famille le versement d'une somme fixe payable (année (la rente viagère).

la maison d'où j'étais si souvent sorti joyeusement en voiture pendant mon enfance :

215 — Soyez bien économe, monsieur Raphaël !

Il pleurait, le bon homme. [...]

Malgré la voix intérieure qui doit soutenir les hommes de talent dans leurs luttes, et qui me criait : Courage ! marche ! malgré les révélations soudaines de ma puissance dans la solitude, malgré
220 l'espoir dont j'étais animé en comparant les ouvrages nouveaux admirés du public à ceux qui voltigeaient dans ma pensée, je doutais de moi comme un enfant. J'étais la proie d'une excessive ambition, je me croyais destiné à de grandes choses, et me sentais dans le néant. J'avais besoin des hommes, et je me trouvais sans
225 amis. [...]

Clefs d'analyse

Action et personnages

1. « Son souhait était certes bien complètement réalisé » : en vous reportant au passage des lignes 184-189, p. 27-28, montrez que la soirée organisée par le banquier Taillefer répond très exactement aux souhaits de Raphaël.

2. Relevez quelques adjectifs insistant sur la sensualité d'Aquilina : à partir de quel point de vue le portrait de la jeune femme est-il développé ? Sur quels détails du physique ce regard s'attarde-t-il ?

3. Quelle contradiction fait apparaître le portrait d'Euphrasie ? Appuyez-vous sur les deux champs lexicaux dominants.

4. Comment Euphrasie conçoit-elle la vie ? Essayez d'expliquer sa vision et ses choix à la lumière de ce qu'elle révèle de son passé.

5. Caractérisez la relation de Raphaël avec son père et opposez leurs deux personnalités pour en faire ressortir les différences.

6. Quel drame a marqué la jeunesse de Raphaël ? Comment se présente son avenir ?

7. Quel âge a Raphaël à la mort de son père ? En quelle année sommes-nous ?

8. À quel métier se destine Raphaël ? Relevez les contradictions dans son état d'esprit.

Langue

1. Que suggère le « tu » utilisé par Raphaël et Émile lorsqu'ils s'adressent à Aquilina et à Euphrasie ?

2. Qui Aquilina désigne-t-elle à travers les pronoms « nous » et « vous » qu'elle utilise quand elle évoque la vieillesse (l. 84-95) ?

Genre ou thèmes

1. « [...] toutes les merveilles de ce palais » (l. 22-23) : justifiez, à partir du récit, l'expression du narrateur évoquant l'hôtel particulier du banquier. Qu'apprenons-nous sur ces riches demeures du XIXe siècle ?

2. Relevez et analysez un passage expliquant le pouvoir des femmes comme Aquilina sur les hommes.

3. En vous appuyant notamment sur les antithèses, montrez le réalisme avec lequel Aquilina évoque la vieillesse des courtisanes.

4. Que fait ressortir l'évocation des femmes vertueuses par les voix d'Aquilina et d'Euphrasie ? Que pensez-vous de leurs idées ?

5. Dans quelles circonstances Raphaël commence-t-il le récit de sa vie ? Qui devient alors le principal narrateur ? À qui s'adresse-t-il ?

6. Quel est le titre de la deuxième partie du roman ? Qu'annonce-t-il ?

Écriture

1. Euphrasie dit ne pas s'intéresser à l'avenir (« Pourquoi penserais-je à ce qui n'existe pas encore ? »). En ce qui vous concerne, pensez-vous souvent à votre futur ? Comment l'envisagez-vous ?

2. Raphaël brosse le portrait d'un père extrêmement sévère. À votre tour, évoquez une personne de votre connaissance (membre de votre famille, professeur, commerçant...) à l'apparence et au caractère autoritaire. Vous expliquerez l'effet que cette personne produit sur vous et la manière dont vous vous comportez avec elle.

Pour aller plus loin

1. Quel est le nom d'une célèbre courtisane, héroïne du roman d'Alexandre Dumas fils *La Dame aux camélias* (1848) ?

✳ À retenir

Le réalisme repose sur l'observation objective de la réalité qui nous entoure. Il consiste à montrer sous une forme concrète la vérité d'une situation, d'une personne ou d'un environnement. Ainsi les deux courtisanes évoquent-elles, sans les enjoliver, la dure destinée des filles de joie, leur vieillesse pauvre et solitaire, en opposition radicale avec la beauté tapageuse de leur jeunesse et les plaisirs du vice.

Épisode 3

Pourtant, Raphaël réagit : à vingt-deux ans, tous les espoirs sont permis ! Avec détermination, il s'installe dans le petit hôtel Saint-Quentin, près de la Sorbonne. Pendant trois ans (fin 1826-début 1830), il vit dans une extrême pauvreté, comptant ses dépenses sou par sou et se consacrant à la rédaction d'une Théorie de la volonté et d'une comédie. Un jour, ce travail lui vaudra, il l'espère, une reconnaissance admirative de tout Paris et l'amour des plus belles femmes de la capitale.

Pendant les dix premiers mois de ma réclusion[1], je menai la vie pauvre et solitaire que je t'ai dépeinte : j'allais chercher moi-même, dès le matin et sans être vu, mes provisions pour la journée ; je faisais ma chambre, j'étais tout ensemble le maître et le serviteur, je diogénisais[2] avec une incroyable fierté. Mais après ce temps, pendant lequel l'hôtesse et sa fille espionnèrent mes mœurs et mes habitudes, examinèrent ma personne et comprirent ma misère, peut-être parce qu'elles étaient elles-mêmes fort malheureuses, il s'établit d'inévitables liens entre elles et moi. Pauline, cette charmante créature dont les grâces naïves et secrètes m'avaient en quelque sorte amené là, me rendit plusieurs services qu'il me fut impossible de refuser. Toutes les infortunes sont sœurs : elles ont le même langage, la même générosité, la générosité de ceux qui ne possédant rien sont prodigues[3] de sentiment ; paient de leur temps et de leur personne. Insensiblement Pauline s'impatronisa[4] chez moi, voulut me servir et sa mère ne s'y opposa point. Je vis la mère elle-même raccommodant mon linge et rougissant d'être surprise à cette charitable occupation. Devenu malgré moi leur protégé, j'acceptai leurs services. Pour comprendre cette singulière affection, il faut connaître l'emportement du travail, la tyrannie des idées et

---

1. **Réclusion :** enfermement.
2. **Je diogénisais :** du verbe « diogéniser », inventé par Balzac ; vivre dans la pauvreté et le mépris des richesses, comme Diogène (écrivain grec, première moitié du IIIᵉ siècle après J.-C.), qui vivait nu dans un tonneau.
3. **Prodigues :** généreux.
4. **S'impatronisa :** s'introduisit, s'imposa.

cette répugnance instinctive qu'éprouve pour les détails de la vie
matérielle l'homme qui vit par la pensée. Pouvais-je résister à la
délicate attention avec laquelle Pauline m'apportait à pas muets
mon repas frugal[1], quand elle s'apercevait que, depuis sept ou huit
heures, je n'avais rien pris ? Avec les grâces de la femme et l'ingénuité de l'enfance, elle me souriait en faisant un signe pour me
dire que je ne devais pas la voir. C'était Ariel[2] se glissant comme
un sylphe[3] sous mon toit, et prévoyant mes besoins. Un soir,
Pauline me raconta son histoire avec une touchante ingénuité[4].
Son père était chef d'escadron[5] dans les grenadiers à cheval de la
garde impériale[6]. Au passage de la Berezina[7], il avait été fait prisonnier par les Cosaques[8]. Plus tard, quand Napoléon proposa de
l'échanger, les autorités russes le firent vainement chercher en
Sibérie. Au dire des autres prisonniers, il s'était échappé avec le
projet d'aller aux Indes. Depuis ce temps, Mme Gaudin, mon
hôtesse, n'avait pu obtenir aucune nouvelle de son mari. Les
désastres de 1814 et 1815[9] étaient arrivés. Seule, sans ressources et
sans secours, elle avait pris le parti de tenir un hôtel garni[10] pour
faire vivre sa fille. Elle espérait toujours revoir son mari. Son plus
cruel chagrin était de laisser Pauline sans éducation, sa Pauline,
filleule de la princesse Borghèse[11], et qui n'aurait pas dû mentir aux
belles destinées promises par son impériale protectrice. Quand

---

1. **Frugal :** modeste, sans rien de superflu.
2. **Ariel :** personnage représentant le génie aérien (être surnaturel) dans *La Tempête* (1611), tragicomédie de Shakespeare (dramaturge anglais).
3. **Sylphe :** génie, c'est-à-dire être surnaturel qui occupe, dans le monde invisible, un rang intermédiaire entre le lutin et la fée. Il se déplace d'un vol léger et rapide.
4. **Ingénuité :** naïveté, confiance.
5. **Chef d'escadron :** celui qui commande une division appartenant à un régiment de cavalerie.
6. **Grenadiers à cheval de la garde impériale :** cavaliers d'élite qui servaient l'empereur Napoléon.
7. **Passage de la Berezina :** débâcle des armées de Napoléon en retraite obligées de passer le fleuve gelé de la Berezina (26-29 novembre 1812).
8. **Cosaques :** combattants russes.
9. **Les désastres de 1814 et 1815 :** en 1814, la première abdication de Napoléon Ier ; en 1815, après les Cent Jours et la défaite de Waterloo contre les Anglais, la seconde abdication de l'empereur.
10. **Hôtel garni :** hôtel meublé (sorte de pension).
11. **Princesse Borghèse :** Pauline Borghèse, sœur de Napoléon.

II. La femme sans cœur

Mme Gaudin me confia cette amère douleur qui la tuait, et me dit avec un accent déchirant : « Je donnerais bien et le chiffon de papier qui crée Gaudin baron de l'Empire, et le droit que nous avons à la dotation de Wistchnau[1], pour savoir Pauline élevée à Saint-Denis[2] ! » tout à coup je tressaillis, et pour reconnaître les soins que me prodiguaient ces deux femmes, j'eus l'idée de m'offrir à finir l'éducation de Pauline. La candeur avec laquelle ces deux femmes acceptèrent ma proposition fut égale à la naïveté qui la dictait. J'eus ainsi des heures de récréation. La petite avait les plus heureuses dispositions : elle apprit avec tant de facilité, qu'elle devint bientôt plus forte que je ne l'étais sur le piano. En s'accoutumant à penser tout haut près de moi, elle déployait les mille gentillesses d'un cœur qui s'ouvre à la vie comme le calice[3] d'une fleur lentement dépliée par le soleil. Elle m'écoutait avec recueillement et plaisir, en arrêtant sur moi ses yeux noirs et veloutés qui semblaient sourire. Elle répétait ses leçons d'un accent doux et caressant, en témoignant une joie enfantine quand j'étais content d'elle. Sa mère, chaque jour plus inquiète d'avoir à préserver de tout danger une jeune fille qui développait en croissant toutes les promesses faites par les grâces de son enfance, la vit avec plaisir s'enfermer pendant toute la journée pour étudier. Mon piano étant le seul dont elle pût se servir, elle profitait de mes absences pour s'exercer. Quand je rentrais, je la trouvais chez moi, dans la toilette la plus modeste ; mais au moindre mouvement, sa taille souple et les attraits de sa personne se révélaient sous l'étoffe grossière. Elle avait un pied mignon dans d'ignobles souliers, comme l'héroïne du conte de *Peau d'âne*[4]. Mais ses jolis trésors, sa richesse de jeune fille, tout ce luxe de beauté fut comme perdu pour moi. Je m'étais ordonné à moi-même de ne voir qu'une sœur

---

1. **Le droit que nous avons à la dotation de Wistchnau :** Gaudin avait été fait baron de l'Empire, avec l'attribution de Wistchnau (petite ville de Moravie), qui lui assurait des fonds et des revenus.
2. **Saint-Denis :** établissement scolaire créé par Napoléon Ier pour l'éducation des jeunes filles dont le père ou le grand-père a reçu la Légion d'honneur (honneur suprême consenti aux grands serviteurs de l'État).
3. **Calice :** corolle.
4. ***Peau d'âne :*** conte de Perrault dont l'héroïne est une princesse habillée d'une peau d'âne.

80 en Pauline, j'aurais eu horreur de tromper la confiance de sa mère, j'admirais cette charmante fille comme un tableau, comme le portrait d'une maîtresse morte. Enfin, c'était mon enfant, ma statue. Pygmalion[1] nouveau, je voulais faire d'une vierge vivante et colorée, sensible et parlante, un marbre. J'étais très sévère avec elle,
85 mais plus je lui faisais éprouver les effets de mon despotisme[2] magistral[3], plus elle devenait douce et soumise. Si je fus encouragé dans ma retenue et dans ma continence[4] par des sentiments nobles, néanmoins les raisons de procureur[5] ne me manquèrent pas. Je ne comprends point la probité des écus[6] sans la probité de
90 la pensée[7]. Tromper une femme ou faire faillite a toujours été même chose pour moi. Aimer une jeune fille ou se laisser aimer par elle constitue un vrai contrat dont les conditions doivent être bien entendues. Nous sommes maîtres d'abandonner la femme qui se vend, mais non pas la jeune fille qui se donne : elle ignore
95 l'étendue de son sacrifice. J'aurais donc épousé Pauline, et c'eût été une folie : n'était-ce pas livrer une âme douce et vierge à d'effroyables malheurs ? Mon indigence[8] parlait son langage égoïste, et venait toujours mettre sa main de fer entre cette bonne créature et moi. Puis, je l'avoue à ma honte, je ne conçois pas l'amour dans la
100 misère. Peut-être est-ce en moi une dépravation[9] due à cette maladie humaine que nous nommons la civilisation ; mais une femme, fût-elle attrayante autant que la belle Hélène[10], la Galatée d'Ho-

---

1. **Pygmalion :** homme qui instruit et révèle à elle-même une femme jeune et ignorante. À l'origine, Pygmalion est un roi légendaire de Chypre, tombé amoureux d'une statue qu'il avait sculptée.
2. **Despotisme :** autorité excessive.
3. **Magistral :** de maître.
4. **Continence :** contrôle de soi.
5. **Les raisons de procureur :** les considérations de justice.
6. **La probité des écus :** l'honnêteté dans les questions d'argent.
7. **La probité de la pensée :** la morale, la loyauté.
8. **Indigence :** pauvreté.
9. **Dépravation :** dérèglement, vice.
10. **La belle Hélène :** Hélène de Troie qui causa la guerre entre Grecs et Troyens à cause de sa beauté (l'histoire est racontée dans *L'Iliade* et *L'Odyssée*, du poète grec de l'Antiquité, Homère).

II. La femme sans cœur

mère[1], n'a plus aucun pouvoir sur mes sens pour peu qu'elle soit
crottée[2]. Ah ! vive l'amour dans la soie, sur le cachemire, entouré
105 des merveilles du luxe qui le parent merveilleusement bien, parce
que lui-même est un luxe peut-être. J'aime à froisser sous mes
désirs de pimpantes toilettes, à briser des fleurs, à porter une main
dévastatrice dans les élégants édifices d'une coiffure embaumée[3].
Des yeux brûlants, cachés par un voile de dentelle que les regards
110 percent comme la flamme déchire la fumée du canon, m'offrent de
fantastiques attraits. Mon amour veut des échelles de soie escaladées en silence, par une nuit d'hiver. Quel plaisir d'arriver couvert
de neige dans une chambre éclairée par des parfums, tapissée de
soies peintes, et d'y trouver une femme qui, elle aussi, secoue de la
115 neige : car quel autre nom donner à ces voiles de voluptueuses
mousselines à travers lesquels elle se dessine vaguement comme
un ange dans son nuage, et d'où elle va sortir ? Puis il me faut
encore un craintif bonheur, une audacieuse sécurité. Enfin je veux
revoir cette mystérieuse femme, mais éclatante, mais au milieu du
120 monde, mais vertueuse, environnée d'hommages, vêtue de dentelles, de diamants, donnant ses ordres à la ville, et si haut placée
et si imposante que nul n'ose lui adresser des vœux. Au milieu de
sa cour, elle me jette un regard à la dérobée[4], un regard qui
dément ces artifices, un regard qui me sacrifie le monde et les
125 hommes ! Certes, je me suis vingt fois trouvé ridicule d'aimer
quelques aunes[5] de blondes[6], du velours, de fines batistes[7], les
tours de force d'un coiffeur, des bougies, un carrosse, un titre,
d'héraldiques couronnes[8] peintes par des vitriers ou fabriquées par
un orfèvre, enfin tout ce qu'il y a de factice[9] et de moins femme

---

1. **La Galatée d'Homère :** Homère, dans *L'Iliade*, cite Galatée parmi les Néréides (nymphes de la mer) entourant Thétis (une autre nymphe).
2. **Pour peu qu'elle soit crottée :** pour peu qu'elle ait une apparence négligée.
3. **Embaumée :** parfumée.
4. **À la dérobée :** secrètement.
5. **Aunes :** ancienne unité de longueur appliquée surtout au mesurage des étoffes.
6. **Blondes :** dentelles de soie.
7. **Batistes :** toiles de lin très fines.
8. **Héraldiques couronnes :** couronnes représentées sur les blasons des familles aristocratiques.
9. **Factice :** artificiel.

130 dans la femme ; je me suis moqué de moi, je me suis raisonné, tout
a été vain. Une femme aristocratique et son sourire fin, la distinc-
tion de ses manières et son respect d'elle-même m'enchantent ;
quand elle met une barrière entre elle et le monde, elle flatte en
moi toutes les vanités[1], qui sont la moitié de l'amour. Enviée par
135 tous, ma félicité[2] me paraît avoir plus de saveur. [...]

Jusqu'à l'hiver dernier, ma vie fut la vie tranquille et studieuse
dont j'ai tâché de te donner une faible image. Dans les premiers
jours du mois de décembre 1829, je rencontrai Rastignac, qui, malgré le misérable état de mes vêtements, me donna le bras et s'en-
140 quit de ma fortune[3] avec un intérêt vraiment fraternel. Pris à la glu
de ses manières, je lui racontai brièvement et ma vie et mes espérances. Il se mit à rire, me traita tout à la fois d'homme de génie et
de sot. Sa voix gasconne[4], son expérience du monde, l'opulence[5]
qu'il devait à son savoir-faire, agirent sur moi d'une manière irré-
145 sistible. Il me fit mourir à l'hôpital, méconnu comme un niais,
conduisit mon propre convoi, me jeta dans le trou des pauvres. Il
me parla de charlatanisme[6]. Avec cette verve[7] aimable qui le rend
si séduisant, il me montra tous les hommes de génie comme des
charlatans. Il me déclara que j'avais un sens de moins, une cause
150 de mort, si je restais seul, rue des Cordiers[8]. Selon lui, je devais
aller dans le monde[9], égoïser[10] adroitement, habituer les gens à prononcer mon nom et me dépouiller moi-même de l'humble *monsieur* qui messeyait[11] à un grand homme de son vivant.

---

1. **Vanités :** inconsistances, futilités.
2. **Félicité :** bonheur.
3. **S'enquit de ma fortune :** me demanda où j'en étais.
4. **Gasconne :** Rastignac est originaire de Gascogne, région du sud-ouest de la France.
5. **Opulence :** richesse.
6. **Charlatanisme :** fausse science des charlatans qui prétendent, avec assurance, posséder certains secrets merveilleux et qui font ainsi autorité.
7. **Verve :** éloquence, art de bien parler.
8. **Rue des Cordiers :** rue proche de la Sorbonne où habite Raphaël et qui n'existe plus aujourd'hui.
9. **Le monde :** la société mondaine, à la mode.
10. **Égoïser :** se comporter en égoïste. Verbe inventé par Balzac.
11. **Messeyait :** convenait mal.

II. La femme sans cœur

— Les imbéciles, s'écria-t-il, nomment ce métier-là *intriguer*[1], les
gens à morale le proscrivent[2] sous le mot de *vie dissipée* ; ne nous
arrêtons pas aux hommes, interrogeons les résultats. Toi, tu travailles ? eh bien, tu ne feras jamais rien. Moi, je suis propre à tout
et bon à rien, paresseux comme un homard ? eh bien, j'arriverai à
tout. Je me répands, je me pousse, l'on me fait place : je me vante ?
l'on me croit. La dissipation, mon cher, est un système politique.
La vie d'un homme occupé à manger sa fortune devient souvent
une spéculation[3] ; il place ses capitaux[4] en amis, en plaisirs, en
protecteurs, en connaissances. Un négociant risquerait-il un million ? pendant vingt ans il ne dort, ni ne boit, ni ne s'amuse ; il
couve son million, il le fait trotter par toute l'Europe ; il s'ennuie,
se donne à tous les démons que l'homme a inventés ; puis une
liquidation[5] le laisse souvent sans un sou, sans un nom, sans un
ami. Le dissipateur, lui, s'amuse à vivre, à faire courir ses chevaux.
Si par hasard il perd ses capitaux, il a la chance d'être nommé
receveur-général[6], de se bien marier, d'être attaché à un ministre,
à un ambassadeur. Il a encore des amis, une réputation et toujours
de l'argent. Connaissant les ressorts du monde, il les manœuvre
à son profit. Ce système est-il logique, ou ne suis-je qu'un fou ?
N'est-ce pas là la moralité de la comédie qui se joue tous les jours
dans le monde ? Ton ouvrage est achevé, reprit-il après une pause,
tu as un talent immense ! Eh bien, tu arrives au point de départ. Il
faut maintenant faire ton succès toi-même, c'est plus sûr. Tu iras
conclure des alliances avec les coteries[7], conquérir des prôneurs[8].
Moi, je veux me mettre de moitié dans ta gloire : je serai le bijou-
tier qui aura monté les diamants de ta couronne. Pour commencer,
dit-il, sois ici demain soir. Je te présenterai dans une maison où
va tout Paris, notre Paris à nous, celui des beaux, des gens à mil-

---

1. **Intriguer :** conspirer, tramer des affaires louches pour son intérêt propre.
2. **Proscrivent :** interdisent, censurent.
3. **Spéculation :** calcul pour s'enrichir.
4. **Ses capitaux :** son argent.
5. **Liquidation :** vente à bas prix effectuée dans l'urgence pour payer des dettes.
6. **Receveur-général :** celui qui reçoit, au nom de l'État, l'argent public.
7. **Coteries :** compagnie de personnes qui vivent de façon soudée entre elles pour défendre des intérêts communs.
8. **Prôneurs :** grands parleurs qui aiment à faire des remontrances.

lions, des célébrités, enfin des hommes qui parlent d'or comme Chrysostome[1]. Quand ils ont adopté un livre, le livre devient à la mode ; s'il est réellement bon, ils ont donné quelque brevet de génie sans le savoir. Si tu as de l'esprit, mon cher enfant, tu feras toi-même la fortune de ta Théorie[2] en comprenant mieux la théorie de la fortune. Demain soir tu verras la belle comtesse Foedora, la femme à la mode.

— Je n'en ai jamais entendu parler.

— Tu es un Cafre[3], dit Rastignac en riant. Ne pas connaître Foedora ! Une femme à marier qui possède près de quatre-vingt mille livres de rentes, qui ne veut de personne ou dont personne ne veut ! Espèce de problème féminin, une Parisienne à moitié Russe, une Russe à moitié Parisienne ! Une femme chez laquelle s'éditent toutes les productions romantiques qui ne paraissent pas, la plus belle femme de Paris, la plus gracieuse ! Tu n'es même pas un Cafre, tu es la bête intermédiaire qui joint le Cafre à l'animal. Adieu, à demain.

Il fit une pirouette et disparut sans attendre ma réponse, n'admettant pas qu'un homme raisonnable pût refuser d'être présenté à Foedora. Comment expliquer la fascination d'un nom ? *Foedera* me poursuivit comme une mauvaise pensée avec laquelle on cherche à transiger[4]. Une voix me disait : Tu iras chez Foedora. J'avais beau me débattre avec cette voix et lui crier qu'elle mentait, elle écrasait tous mes raisonnements avec ce nom : Foedora.

Rastignac présente Foedora à Raphaël ébloui : « Ses lèvres fraîches et rouges tranchaient sur un teint d'une vive blancheur. Ses cheveux bruns faisaient assez bien valoir la couleur orangée de ses yeux mêlés de veines comme une pierre de Florence[5], et dont l'expression semblait ajouter de la finesse à ses paroles. Enfin son corsage était paré des grâces les plus attrayantes. » Le jeune homme est également

---

1. **Des hommes qui parlent d'or comme Chrysostome :** Jean Chrysostome (344/349-407), archevêque de Constantinople et père de l'Église grecque. Son éloquence lui valut le surnom de Chrysostome (en grec ancien « Bouche d'or »).
2. **Ta Théorie :** Raphaël travaille sur une Théorie de la volonté.
3. **Cafre :** désigne un homme noir d'Afrique, ici dans le sens de « nul ». Très péjoratif.
4. **Transiger :** négocier.
5. **Pierre de Florence :** marbre de Florence, en Italie.

séduit par la personnalité énigmatique de la jeune femme, par le
luxe qui l'entoure, par son succès auprès des hommes : « C'était plus
215 *qu'une femme, c'était un roman ». Follement amoureux, il devient le*
jouet de la ravissante séductrice…

Un jour, après m'avoir promis de venir au spectacle avec moi,
tout à coup elle refusa capricieusement de sortir, et me pria de la
laisser seule. Désespéré d'une contradiction qui me coûtait une
220 journée de travail, et, le dirai-je ? mon dernier écu, je me rendis là
où elle aurait dû être, voulant voir la pièce qu'elle avait désiré voir.
À peine placé, je reçus un coup électrique dans le cœur. Une voix
me dit : « Elle est là ! »
Je me retourne, j'aperçois la comtesse au fond de sa loge, cachée
225 dans l'ombre, au rez-de-chaussée. Mon regard n'hésita pas, mes
yeux la trouvèrent tout d'abord avec une lucidité fabuleuse, mon
âme avait volé vers sa vie comme un insecte vole à sa fleur. Par
quoi mes sens avaient-ils été avertis ? Il est de ces tressaillements
intimes qui peuvent surprendre les gens superficiels, mais ces
230 effets de notre nature intérieure sont aussi simples que les phé-
nomènes habituels de notre vision extérieure : aussi ne fus-je
pas étonné, mais fâché. Mes études sur notre puissance morale,
si peu connue, servaient au moins à me faire rencontrer dans
ma passion quelques preuves vivantes de mon système. Cette
235 alliance du savant et de l'amoureux, d'une cordiale[1] idolâtrie[2] et
d'un amour scientifique, avait je ne sais quoi de bizarre. La science
était souvent contente de ce qui désespérait l'amant, et, quand
il croyait triompher, l'amant chassait loin de lui la science avec
bonheur. Foedora me vit et devint sérieuse : je la gênais. Au pre-
240 mier entracte, j'allai lui faire une visite. Elle était seule, je restai.
Quoique nous n'eussions jamais parlé d'amour, je pressentis une
explication. Je ne lui avais point encore dit mon secret, et cependant il existait entre nous une sorte d'entente : elle me confiait
ses projets d'amusement, et me demandait la veille avec une sorte
245 d'inquiétude amicale si je viendrais le lendemain ; elle me consul-
tait par un regard quand elle disait un mot spirituel, comme si elle

---

1. **Cordiale :** venant du cœur.
2. **Idolâtrie :** vénération, adoration.

eût voulu me plaire exclusivement ; si je boudais, elle devenait caressante ; si elle faisait la fâchée, j'avais en quelque sorte le droit de l'interroger, si je me rendais coupable d'une faute, elle se laissait longtemps supplier avant de me pardonner. Ces querelles, auxquelles nous avions pris goût, étaient pleines d'amour. Elle y déployait tant de grâce et de coquetterie, et moi j'y trouvais tant de bonheur ! En ce moment notre intimité fut tout à fait suspendue, et nous restâmes l'un devant l'autre comme deux étrangers. La comtesse était glaciale ; moi, j'appréhendais un malheur.

— Vous allez m'accompagner, me dit-elle quand la pièce fut finie.

Le temps avait changé subitement. Lorsque nous sortîmes il tombait une neige mêlée de pluie. La voiture de Foedora ne put arriver jusqu'à la porte du théâtre. En voyant une femme bien mise[1] obligée de traverser le boulevard, un commissionnaire[2] étendit son parapluie au-dessus de nos têtes, et réclama le prix de son service quand nous fûmes montés. Je n'avais rien : j'eusse alors vendu dix ans de ma vie pour avoir deux sous. Tout ce qui fait l'homme et ses mille vanités furent écrasés en moi par une douleur infernale. Ces mots : « Je n'ai pas de monnaie, mon cher ! » furent dits d'un ton dur qui parut venir de ma passion contrariée, dits par moi, frère de cet homme, moi qui connaissais si bien le malheur ! moi qui jadis avais donné sept cent mille francs avec tant de facilité ! Le valet repoussa le commissionnaire, et les chevaux fendirent l'air[3]. En revenant à son hôtel[4], Foedora, distraite, ou affectant[5] d'être préoccupée, répondit par de dédaigneux monosyllabes[6] à mes questions. Je gardai le silence. Ce fut un horrible moment. Arrivés chez elle, nous nous assîmes devant la cheminée. Quand le valet de chambre se fut retiré après avoir attisé le feu, la comtesse se tourna vers moi d'un air indéfinissable et me dit avec une sorte de solennité :

---

1. **Bien mise :** élégante.
2. **Commissionnaire :** homme attendant au coin d'une rue les commissions des passants qui le pairont pour les services rendus.
3. **Fendirent l'air :** partirent avec une extrême rapidité.
4. **Hôtel :** maison particulière très luxueuse.
5. **Affectant :** faisant croire.
6. **Monosyllabes :** mots composés d'une seule syllabe comme « oui » et « non ».

II. La femme sans cœur

    — Depuis mon retour en France, ma fortune a tenté quelques jeunes gens : j'ai reçu des déclarations d'amour qui auraient pu satisfaire mon orgueil, j'ai rencontré des hommes dont l'attachement était si sincère et si profond qu'ils m'eussent encore épousée, même quand ils n'auraient trouvé en moi qu'une fille pauvre comme je l'étais jadis. Enfin sachez, monsieur de Valentin, que de nouvelles richesses et des titres nouveaux m'ont été offerts ; mais apprenez aussi que je n'ai jamais revu les personnes assez mal inspirées pour m'avoir parlé d'amour. Si mon affection pour vous était légère, je ne vous donnerais pas un avertissement dans lequel il entre plus d'amitié que d'orgueil. Une femme s'expose à recevoir une sorte d'affront lorsque, en se supposant aimée, elle se refuse par avance à un sentiment toujours flatteur. Je connais les scènes d'Arsinoé[1], d'Araminte[2], ainsi je me suis familiarisée avec les réponses que je puis entendre en pareille circonstance ; mais j'espère aujourd'hui ne pas être mal jugée par un homme supérieur pour lui avoir montré franchement mon âme.

    Elle s'exprimait avec le sang-froid d'un avoué, d'un notaire[3,] expliquant à leurs clients les moyens d'un procès ou les articles d'un contrat. Le timbre clair et séducteur de sa voix n'accusait[4] pas la moindre émotion ; seulement sa figure et son maintien, toujours nobles et décents[5], me semblèrent avoir une froideur, une sécheresse diplomatiques[6]. Elle avait sans doute médité ses paroles et fait le programme de cette scène.

    Oh ! mon cher ami, quand certaines femmes trouvent du plaisir à nous déchirer le cœur, quand elles se sont promis d'y enfoncer un poignard et de le retourner dans la plaie, ces femmes-là sont adorables, elles aiment ou veulent être aimées ! Un jour elles

---

1. **Arsinoé :** dans *Le Misanthrope* de Molière (1666), personnage-type de la vieille prude (femme qui affiche une vertu exagérée).
2. **Araminte :** dans *Les Fausses Confidences* (1737) de Marivaux, jeune veuve qui refuse d'épouser le comte.
3. **Avoué [...] notaire :** hommes de loi.
4. **N'accusait :** ne révélait.
5. **Décents :** convenables.
6. **Diplomatiques :** les diplomates, représentants officiels d'un gouvernement à l'étranger, se doivent de garder une attitude ferme et calme en toutes circonstances.

305 nous récompenseront de nos douleurs, comme Dieu doit, dit-on, rémunérer nos bonnes œuvres ; elles nous rendront en plaisirs le centuple[1] d'un mal dont elles ont dû apprécier la violence : leur méchanceté n'est-elle pas pleine de passion ? Mais être torturé par une femme qui nous tue avec indifférence, n'est-ce pas un atroce

310 supplice ? En ce moment Foedora marchait, sans le savoir, sur toutes mes espérances, brisait ma vie et détruisait mon avenir avec la froide insouciance et l'innocente cruauté d'un enfant qui, par curiosité, déchire les ailes d'un papillon.

— Plus tard, ajouta Foedora, vous reconnaîtrez, je l'espère, la

315 solidité de l'affection que j'offre à mes amis. Pour eux, vous me trouverez toujours bonne et dévouée. Je saurais leur donner ma vie, mais vous me mépriseriez si je subissais leur amour sans le partager. Je m'arrête. […]

— Adieu, lui dis-je froidement.

320 — Adieu, répondit-elle en inclinant la tête d'un air amical. À demain.

Je la regardai pendant un moment en lui dardant[2] tout l'amour auquel je renonçais. Elle était debout, et me jetait son sourire banal, le détestable sourire d'une statue de marbre, sec et poli,

325 paraissant exprimer l'amour, mais froid.

Concevras-tu bien, mon cher, toutes les douleurs qui m'assaillirent en revenant chez moi par la pluie et la neige, en marchant sur le verglas des quais pendant une lieue, ayant tout perdu ? Oh ! savoir qu'elle ne pensait seulement pas à ma misère et me croyait,

330 comme elle, riche et doucement voituré[3] ! Combien de ruines et de déceptions ! Il ne s'agissait plus d'argent, mais de toutes les fortunes de mon âme. J'allais au hasard, en discutant avec moi-même les mots de cette étrange conversation, je m'égarais si bien dans mes commentaires que je finissais par douter de la valeur

335 nominale[4] des paroles et des idées ! Et j'aimais toujours, j'aimais cette femme froide dont le cœur voulait être conquis à tout

---

1. **Le centuple :** une quantité cent fois plus importante.
2. **Dardant :** du verbe « darder », lancer avec force.
3. **Voituré :** disposant d'une voiture pour rentrer chez soi.
4. **La valeur nominale :** la signification.

moment, et qui, en effaçant toujours les promesses de la veille, se produisait le lendemain comme une maîtresse nouvelle. En tournant sous les guichets[1] de l'Institut[2], un mouvement fiévreux me saisit. Je me souvins alors que j'étais à jeun. Je ne possédais pas un denier[3]. Pour comble de malheur, la pluie déformait mon chapeau. Comment pouvoir aborder désormais une femme élégante et me présenter dans un salon sans un chapeau mettable ! Grâce à des soins extrêmes, et tout en maudissant la mode niaise et sotte qui nous condamne à exhiber la coiffe de nos chapeaux en les gardant constamment à la main, j'avais maintenu le mien jusque-là dans un état douteux[4]. Sans être curieusement neuf ou sèchement vieux, dénué de barbe[5] ou très soyeux, il pouvait passer pour le chapeau problématique d'un homme soigneux ; mais son existence artificielle arrivait à son dernier période[6] : il était blessé, déjeté[7], fini, véritable haillon, digne représentant de son maître. Faute de[8] trente sous, je perdais mon industrieuse[9] élégance. Ah ! combien de sacrifices ignorés n'avais-je pas faits à Foedora depuis trois mois ! Souvent je consacrais l'argent nécessaire au pain d'une semaine pour aller la voir un moment. Quitter mes travaux et jeûner, ce n'était rien ! Mais traverser les rues de Paris sans se laisser éclabousser, courir pour éviter la pluie, arriver chez elle aussi bien mis[10] que les fats[11] qui l'entouraient, ah ! pour un poète amoureux et distrait, cette tâche avait d'innombrables difficultés.

1. **Guichets :** passages étroits faisant communiquer avec l'extérieur l'intérieur d'un édifice.
2. **L'Institut :** l'Institut de France, institution française créée en 1795 qui abrite les Académies. Situé aujourd'hui au 23 quai de Conti, à Paris (6e arrondissement).
3. **Un denier :** monnaie ancienne. Raphaël n'a pas un sou sur lui.
4. **Douteux :** très moyen.
5. **Barbe :** les chapeaux sont fabriqués à partir des poils les plus doux de certains animaux (la « barbe ») soigneusement lissés.
6. **Son dernier période :** période est ici un nom masculin ; désigne le plus haut degré, le summum, le comble.
7. **Déjeté :** déformé, dévié.
8. **Faute de :** par manque de.
9. **Industrieuse :** qui a demandé des efforts et du travail.
10. **Bien mis :** élégant.
11. **Fats :** sots prétentieux.

360 Mon bonheur, mon amour, dépendait d'une moucheture de fange[1] sur mon seul gilet blanc ! Renoncer à la voir si je me crottais, si je me mouillais ! Ne pas posséder cinq sous pour faire effacer par un décrotteur[2] la plus légère tache de boue sur ma botte !

---

1. **Moucheture de fange :** petite tache de boue ou de saleté.
2. **Décrotteur :** celui qui fait métier de décrotter, de cirer les souliers et les bottes (les rues de l'époque étaient boueuses).

Clefs d'analyse

Action et personnages

1. Comment la misère de Raphaël influence-t-elle sa vie quotidienne ? Souffre-t-il de sa pauvreté ? Relevez une phrase à l'appui de votre réponse.

2. Quelles relations s'établissent entre Raphaël et son hôtesse ? Quels services Mme Gaudin et Pauline rendent-elles au jeune écrivain ?

3. Quel drame a marqué Mme Gaudin et Pauline, les obligeant à vivre dans la pauvreté ? Montrez l'influence de l'Histoire sur la vie des individus.

4. Quelles dispositions Raphaël trouve-t-il chez Pauline devenue son élève ? Quel projet a-t-il pour la jeune fille ?

5. Décrivez Pauline (son physique, sa personnalité, ses sentiments) en vous fondant sur les termes les plus significatifs du récit de Raphaël.

6. Expliquez la phrase : « Je m'étais ordonné à moi-même de ne voir qu'une sœur en Pauline. » Pourquoi cette discipline que s'impose Raphaël est-elle difficile ?

7. Pour quelle raison, selon vous, Rastignac prend-il le destin de Raphaël en main ? Qu'admire-t-il chez son ami ? Que lui propose-t-il ?

8. Quel effet produit le nom de Foedora sur l'imagination de Raphaël ? Comment le portrait de la jeune femme nourrit-il les fantasmes du jeune homme ?

9. Dans quelles circonstances Raphaël rencontre-t-il Foedora au spectacle ? Comment se termine la soirée ?

10. Expliquez les raisons du désespoir de Raphaël à la fin de cet épisode.

Langue

1. Relevez le vocabulaire du vêtement féminin dans les lignes 104-135 : que révèle-t-il du monde imaginaire de Balzac ?

Clefs d'analyse

Genre ou thèmes

1. Dans les lignes 89 à 95, relevez deux remarques au présent : expliquez-en le sens et justifiez l'emploi du présent en vous référant à la situation d'énonciation (qui parle à qui, à quel moment, dans quel cadre ?).

2. Étudiez les rêves amoureux de Raphaël. Quelle image le jeune homme se fait-il de la femme idéale ? Pauline répond-elle à ce type ? Et Foedora ?

3. Comment vit Rastignac? Que pensez-vous de l'amitié qu'il témoigne à Raphaël ?

Écriture

1. « Toi, tu travailles ?... eh bien, tu ne feras jamais rien. Moi, je suis propre à tout et bon à rien, paresseux comme un homard ?... eh bien, j'arriverai à tout » : expliquez et discutez cette opinion de Rastignac.

2. Analysez la relation de Raphaël avec Foedora et essayez d'expliquer la passion que la jeune femme suscite chez lui.

Pour aller plus loin

1. Raphaël fait allusion aux « désastres de 1814 et 1815 » qui s'inscrivent dans le cadre de l'épopée napoléonienne. En vous aidant d'un livre d'histoire, préparez une fiche sur Napoléon Ier.

✳ À retenir

Thème fondamental et très productif du genre romanesque, la passion amoureuse s'incarne à travers des personnages fortement caractérisés (Foedora, femme fatale ; Raphaël, amant transi ; Pauline, jeune fille pure). Elle suscite la réflexion (ex. : les rêves amoureux de Raphaël) et produit dans l'intrigue des scènes fortement dramatiques (ex. : rencontre de Raphaël et de Foedora au spectacle).

Clefs d'analyse

Épisode 4

De retour chez lui, Raphaël surprend une conversation entre Pauline et sa mère :

La porte de mon hôtel était entrouverte. À travers les découpures en forme de cœur pratiquées dans le volet, j'aperçus une
5   lumière projetée dans la rue. Pauline et sa mère causaient en m'attendant. J'entendis prononcer mon nom, j'écoutai.

— Raphaël, disait Pauline, est bien mieux que l'étudiant du numéro sept ! Ses cheveux blonds sont d'une si jolie couleur ! Ne trouves-tu pas quelque chose dans sa voix, je ne sais, mais quelque
10 chose qui vous remue le cœur ? Et puis, quoiqu'il ait l'air un peu fier, il est si bon, il a des manières si distinguées ! Oh ! il est vraiment très bien ! Je suis sûre que toutes les femmes doivent être folles de lui.

— Tu en parles comme si tu l'aimais, reprit Mme Gaudin.
15 — Oh ! je l'aime comme un frère, répondit-elle en riant. Je serais joliment ingrate si je n'avais pas de l'amitié pour lui ! Ne m'a-t-il pas appris la musique, le dessin, la grammaire, enfin tout ce que je sais ?

Comparant la douce générosité de Pauline avec la dureté
20 *orgueilleuse de Foedora, Raphaël reconnaît : « Chez Foedora le luxe était sec, il réveillait en moi de mauvaises pensées ; tandis que cette humble misère et ce bon naturel me rafraîchissaient l'âme. » Pourtant sa passion est la plus forte ; elle lui fait commettre les actions les plus insensées : lors d'une soirée organisée par la comtesse, il se cache*
25 *dans la chambre à coucher, attendant le retour de la jeune femme...*

La comtesse rentra dans sa chambre en fredonnant une phrase du *Pria che spunti*[1].

---

1. *Pria che spunti* : air emprunté à l'acte II de l'opéra de Cimarosa (1749-1801), *Il Matrimonio Segreto (Le Mariage secret)*.

Jamais personne ne l'avait entendue chanter, et ce mutisme[1] donnait lieu à de bizarres interprétations. Elle avait, dit-on, promis
30 à son premier amant, charmé de ses talents et jaloux d'elle par delà le tombeau, de ne donner à personne un bonheur qu'il voulait avoir goûté seul. Je tendis les forces de mon âme pour aspirer les sons. De note en note la voix s'éleva, Foedora sembla s'animer, les richesses de son gosier se déployèrent, et cette mélodie prit
35 alors quelque chose de divin. La comtesse avait dans l'organe[2] une clarté vive, une justesse de ton, je ne sais quoi d'harmonique et de vibrant qui pénétrait, remuait et chatouillait le cœur. Les musiciennes sont presque toujours amoureuses. Celle qui chantait ainsi devait savoir bien aimer. La beauté de cette voix fut donc un
40 mystère de plus dans une femme déjà si mystérieuse. Je la voyais alors comme je te vois : elle paraissait s'écouter elle-même et ressentir une volupté qui lui fût particulière ; elle éprouvait comme une jouissance d'amour. Elle vint devant la cheminée en achevant le principal motif de ce rondo[3] ; mais quand elle se tut, sa physio-
45 nomie changea, ses traits se décomposèrent, et sa figure exprima la fatigue. Elle venait d'ôter un masque ; actrice, son rôle était fini. Cependant l'espèce de flétrissure imprimée à sa beauté par son travail d'artiste, ou par la lassitude de la soirée, n'était pas sans charme.
50 « La voilà vraie », me dis-je.

Elle mit, comme pour se chauffer, un pied sur la barre de bronze qui surmontait le garde-cendre[4], ôta ses gants, détacha ses bracelets, et enleva par-dessus sa tête une chaîne d'or au bout de laquelle était suspendue sa cassolette[5] ornée de pierres précieuses.
55 J'éprouvais un plaisir indicible[6] à voir ses mouvements empreints de la gentillesse dont les chattes font preuve en se toilettant au soleil. Elle se regarda dans la glace, et dit tout haut d'un air de

---

1. **Mutisme :** silence volontaire.
2. **L'organe :** la voix.
3. **Rondo :** air dont le thème principal se reprend plusieurs fois.
4. **Garde-cendre :** plate-bande en cuivre qui sert à retenir la cendre et les charbons qui pourraient s'échapper du foyer de la cheminée.
5. **Cassolette :** bijou creux en or ou en argent contenant des parfums. Il se porte suspendu à une chaîne.
6. **Indicible :** impossible à exprimer.

mauvaise humeur : « Je n'étais pas jolie ce soir, mon teint se fane avec une effrayante rapidité. Je devrais peut-être me coucher plus tôt, renoncer à cette vie dissipée. Mais Justine se moque-t-elle de moi ? » Elle sonna de nouveau, la femme de chambre accourut. Où logeait-elle ? je ne sais. Elle arriva par un escalier dérobé[1]. J'étais curieux de l'examiner. Mon imagination de poète avait souvent incriminé[2] cette invisible servante, grande fille brune, bien faite.

— Madame a sonné ?

— Deux fois, répondit Foedora. Vas-tu donc maintenant devenir sourde ?

— J'étais à faire le lait d'amandes[3] de Madame.

Justine s'agenouilla, défit les cothurnes[4] des souliers, déchaussa sa maîtresse, qui nonchalamment étendue sur un fauteuil à ressorts, au coin du feu, bâillait en se grattant la tête. Il n'y avait rien que de très naturel dans tous ses mouvements, et nul symptôme ne me révéla ni les souffrances secrètes, ni les passions que j'avais supposées.

— Georges[5] est amoureux, dit-elle, je le renverrai. N'a-t-il pas encore défait les rideaux ce soir [6]? à quoi pense-t-il ?

À cette observation, tout mon sang reflua vers mon cœur, mais il ne fut plus question des rideaux.

— L'existence est bien vide, reprit la comtesse. Ah çà ! prends garde de m'égratigner comme hier. Tiens, vois-tu, dit-elle en lui montrant un petit genou satiné, je porte encore la marque de tes griffes. Elle mit ses pieds nus dans des pantoufles de velours fourrées de cygne, et détacha sa robe pendant que Justine prit un peigne pour lui arranger les cheveux.

— Il faut vous marier, Madame, avoir des enfants.

— Des enfants ! Il ne me manquerait plus que cela pour m'achever, s'écria-t-elle. Un mari ! Quel est l'homme auquel je pourrais me... Étais-je bien coiffée ce soir ?

---

1. **Dérobé :** dissimulé.
2. **Incriminé :** accusé.
3. **Lait d'amandes :** boisson composée d'amandes écrasées et d'eau.
4. **Cothurnes :** chaussures à talon que Foedora porte sur des souliers plus souples.
5. **Georges :** domestique de Feodora.
6. **N'a-t-il pas encore défait les rideaux ce soir :** Raphaël est caché derrière des rideaux qu'il a défaits.

— Mais, pas très bien.

90 — Tu es une sotte.

— Rien ne vous va plus mal que de trop crêper[1] vos cheveux, reprit Justine. Les grosses boucles bien lisses vous sont plus avantageuses.

— Vraiment ?

95 — Mais oui, Madame, les cheveux crêpés clair ne vont bien qu'aux blondes.

— Me marier ? non, non. Le mariage est un trafic pour lequel je ne suis pas née.

Quelle épouvantable scène pour un amant ! Cette femme soli-
100 taire, sans parents, sans amis, athée en amour[2], ne croyant à aucun sentiment ; et quelque faible que fût en elle ce besoin d'épanche-ment cordial[3], naturel à toute créature humaine, réduite pour le satisfaire à causer avec sa femme de chambre, à dire des phrases sèches ou des riens ! j'en eus pitié.

105 Justine la délaça[4]. Je la contemplai curieusement au moment où le dernier voile s'enleva. Elle avait un corsage[5] de vierge qui m'éblouit ; à travers sa chemise et à la lueur des bougies, son corps blanc et rose étincela comme une statue d'argent qui brille sous son enveloppe de gaze[6]. Non, nulle imperfection ne devait lui faire
110 redouter les yeux furtifs[7] de l'amour. Hélas ! un beau corps triom-phera toujours des résolutions les plus martiales[8].

La maîtresse s'assit devant le feu, muette et pensive pendant que la femme de chambre allumait la bougie de la lampe d'albâtre[9] sus-pendue devant le lit. Justine alla chercher une bassinoire[10], prépara

---

1. **Crêper :** gonfler la chevelure en la rebroussant mèche par mèche avec le peigne ou la brosse.
2. **Athée en amour :** qui ne croit pas à l'amour.
3. **Quelque faible que fût en elle ce besoin d'épanchement cordial :** si faible que fût chez elle le besoin de faire d'amicales confidences.
4. **La délaça :** à l'époque, les femmes portent un corset lacé qui leur serre la taille.
5. **Corsage :** buste.
6. **Gaze :** voile très léger et transparent.
7. **Yeux furtifs :** qui cherchent à voir en se cachant ; regards jetés à la dérobée.
8. **Martiales :** fermes, dures, implacables.
9. **Albâtre :** roche blanche et translucide utilisée en sculpture depuis l'Antiquité.
10. **Bassinoire :** bassin dans lequel on met de la braise, et qu'un manche permet de promener dans un lit pour le chauffer.

115 le lit, aida sa maîtresse à se coucher ; puis, après un temps assez long employé par de minutieux services qui accusaient la profonde vénération[1] de Foedora pour elle-même, cette fille partit.

La comtesse se retourna plusieurs fois, elle était agitée, elle soupirait ; ses lèvres laissaient échapper un léger bruit perceptible à 120 l'ouïe[2] et qui indiquait des mouvements d'impatience ; elle avança la main vers la table, y prit une fiole[3], versa dans son lait avant de le boire quelques gouttes d'une liqueur dont je ne distinguai pas la nature ; enfin, après quelques soupirs pénibles, elle s'écria : Mon Dieu ! Cette exclamation, et surtout l'accent qu'elle y mit, me brisa 125 le cœur. Insensiblement elle resta sans mouvement. J'eus peur, mais bientôt j'entendis retentir la respiration égale et forte d'une personne endormie ; j'écartai la soie criarde[4] des rideaux, quittai ma position et vins me placer au pied de son lit, en la regardant avec un sentiment indéfinissable. Elle était ravissante ainsi. Elle 130 avait la tête sous le bras comme un enfant ; son tranquille et joli visage enveloppé de dentelles exprimait une suavité[5] qui m'enflamma. Présumant trop de moi-même[6], je n'avais pas compris mon supplice : être si près et si loin d'elle. [...]

À voir ce beau visage, calme et pur, il me fut impossible de refu-135 ser un cœur à cette femme. Je résolus de faire encore une tentative. En lui racontant ma vie, mon amour, mes sacrifices, peut-être pourrais-je réveiller en elle la pitié, lui arracher une larme, à celle qui ne pleurait jamais. J'avais placé toutes mes espérances dans cette dernière épreuve, quand le tapage de la rue m'annonça le 140 jour. Il y eut un moment où je me représentai Foedora se réveillant dans mes bras. Je pouvais me mettre tout doucement à ses côtés, m'y glisser, et l'étreindre. Cette idée me tyrannisa si cruellement, que voulant y résister, je me sauvai dans le salon sans prendre aucune précaution pour éviter le bruit ; mais j'arrivai heureuse-

---

1. **Vénération :** adoration.
2. **À l'ouïe :** à l'oreille.
3. **Fiole :** flacon.
4. **Criarde :** d'une couleur violente.
5. **Suavité :** douceur, délicatesse.
6. **Présumant trop de moi-même :** ayant anticipé une maîtrise absolue de moi-même.

145 ment à une porte dérobée qui donnait sur un petit escalier. Ainsi que je le présumai, la clef se trouvait à la serrure ; je tirai la porte avec force, je descendis hardiment dans la cour, et sans regarder si j'étais vu, je sautai vers la rue en trois bonds. Deux jours après, un auteur devait lire une comédie chez la comtesse : j'y allai dans l'in-
150 tention de rester le dernier pour lui présenter une requête[1] assez singulière. Je voulais la prier de m'accorder la soirée du lendemain, et de me la consacrer tout entière, en faisant fermer sa porte. Quand je me trouvai seul avec elle, le cœur me faillit[2]. Chaque battement de la pendule m'épouvantait. Il était minuit moins un
155 quart.

— Si je ne lui parle pas, me dis-je, il faut me briser le crâne sur l'angle de la cheminée. Je m'accordai trois minutes de délai, les trois minutes se passèrent, je ne me brisai pas le crâne sur le marbre, mon cœur s'était alourdi comme une éponge dans l'eau.
160 — Vous êtes extrêmement aimable, me dit-elle.

— Ah ! madame, répondis-je, si vous pouviez me comprendre !

— Qu'avez-vous ! reprit-elle, vous pâlissez.

— J'hésite à réclamer de vous une grâce.

Elle m'encouragea par un geste, et je lui demandai le
165 rendez-vous.

— Volontiers, dit-elle. Mais pourquoi ne me parleriez-vous pas en ce moment ?

— Pour ne pas vous tromper, je dois vous montrer l'étendue de votre engagement, je désire passer cette soirée près de vous,
170 comme si nous étions frère et sœur. Soyez sans crainte, je connais vos antipathies ; vous avez pu m'apprécier assez pour être certaine que je ne veux rien de vous qui puisse vous déplaire, d'ailleurs, les audacieux ne procèdent pas ainsi. Vous m'avez témoigné de l'ami-tié, vous êtes bonne, pleine d'indulgence. Eh bien ! sachez que je
175 dois vous dire adieu demain.

Le rendez-vous se passe mal...

---

1. **Requête :** demande.
2. **Le cœur me faillit :** le courage me manqua.

II. La femme sans cœur

— Eh bien, repris-je en l'interrompant, vous insultez à Dieu même, et vous en serez punie ! Un jour, couchée sur un divan, ne pouvant supporter ni le bruit ni la lumière, condamnée à vivre
180 dans une sorte de tombe, vous souffrirez des maux inouïs. Quand vous chercherez la cause de ces lentes et vengeresses douleurs, souvenez-vous alors des malheurs que vous avez si largement jetés sur votre passage ! Ayant semé partout des imprécations[1], vous trouverez la haine au retour. Nous sommes les propres juges,
185 les bourreaux d'une Justice qui règne ici-bas, et marche au-dessus de celle des hommes, au-dessous de celle de Dieu.

— Ah ! dit-elle en riant, je suis sans doute bien criminelle de ne pas vous aimer ? Est-ce ma faute ? Non, je ne vous aime pas ; vous êtes un homme, cela suffit. Je me trouve heureuse d'être seule,
190 pourquoi changerais-je ma vie, égoïste si vous voulez, contre les caprices d'un maître ? Le mariage est un sacrement en vertu duquel nous ne nous communiquons que des chagrins. D'ailleurs, les enfants m'ennuient. Ne vous ai-je pas loyalement prévenu de mon caractère ? Pourquoi ne vous êtes-vous pas contenté de mon
195 amitié ? Je voudrais pouvoir consoler les peines que je vous ai causées en ne devinant pas le compte de vos petits écus[2], j'apprécie l'étendue de vos sacrifices ; mais l'amour peut seul payer votre dévouement, vos délicatesses, et je vous aime si peu, que cette scène m'affecte désagréablement.

200 — Je sens combien je suis ridicule, pardonnez-moi, lui dis-je avec douceur sans pouvoir retenir mes larmes. Je vous aime assez, repris-je, pour écouter avec délices les cruelles paroles que vous prononcez. Oh ! je voudrais pouvoir signer mon amour de tout mon sang.

205 — Tous les hommes nous disent plus ou moins bien ces phrases classiques, reprit-elle en riant. Mais il paraît qu'il est très difficile de mourir à nos pieds, car je rencontre de ces morts-là partout. Il est minuit, permettez-moi de me coucher. [...]

---

1. **Imprécations :** interdictions, condamnations.
2. **Consoler les peines que je vous ai causées en ne devinant pas le compte de vos petits écus :** Raphaël a mentionné les sacrifices financiers qu'il s'est imposés pour fréquenter Foedora.

Je lui jetai ma haine dans un regard et je m'enfuis.

Il fallait oublier Foedora, me guérir de ma folie, reprendre ma studieuse solitude ou mourir. Je m'imposai donc des travaux exorbitants[1], je voulus achever mes ouvrages. Pendant quinze jours, je ne sortis pas de ma mansarde, et consumai toutes mes nuits en de pâles études. Malgré mon courage et les inspirations de mon désespoir, je travaillais difficilement, par saccades. La muse avait fui. Je ne pouvais chasser le fantôme brillant et moqueur de Foedora.

À Raphaël désespéré qui songe au suicide, Rastignac suggère de mourir sous l'excès des plaisirs : mieux vaut, si l'on veut quitter la vie, s'abandonner à une consommation incontrôlée de vins, de femmes faciles, de jeux d'argent. Raphaël se range à cet avis. Il confie à Rastignac cent écus — toute sa fortune — pour qu'il aille les risquer au jeu : la chance, peut-être, leur permettra de se constituer un petit capital qu'ils consacreront à la débauche[2].

Revenu à mon hôtel Saint-Quentin, je contemplai longtemps la mansarde où j'avais mené la chaste[3] vie d'un savant, une vie qui peut-être aurait été honorable, longue, et que je n'aurais pas dû quitter pour la vie passionnée qui m'entraînait dans un gouffre. Pauline me surprit dans une attitude mélancolique. « Eh bien, qu'avez-vous ? » dit-elle. Je me levai froidement et comptai l'argent que je devais à sa mère en y ajoutant le prix de mon loyer pour six mois. Elle m'examina avec une sorte de terreur.

— Je vous quitte, ma chère Pauline.

— Je l'ai deviné, s'écria-t-elle.

— Écoutez, mon enfant, je ne renonce pas à revenir ici. Gardez-moi ma cellule pendant une demi-année. Si je ne suis pas de retour vers le quinze novembre, vous hériterez de moi. Ce manuscrit cacheté[4], dis-je en lui montrant un paquet de papiers, est la copie

---

1. **Exorbitants :** excessifs.
2. **Débauche :** usage excessif et déréglé de tous les plaisirs des sens, notamment ceux de l'amour, de la nourriture, du vin et du jeu.
3. **Chaste :** pur, qui ne s'accorde aucun plaisir.
4. **Cacheté :** fermé à l'aide d'un cachet de cire.

de mon grand ouvrage sur *la Volonté*, vous le déposerez à la
Bibliothèque du Roi. Quant à tout ce que je laisse ici, vous en ferez
ce que vous voudrez.

Elle me jetait des regards qui pesaient sur mon cœur. Pauline
était là comme une conscience vivante.

— Je n'aurai plus de leçons, dit-elle en me montrant le piano.

Je ne répondis pas.

— M'écrirez-vous ?

— Adieu, Pauline.

Je l'attirai doucement à moi, puis sur son front d'amour, vierge
comme la neige qui n'a pas touché terre, je mis un baiser de frère,
un baiser de vieillard. Elle se sauva. Je ne voulus pas voir Mme
Gaudin. Je mis ma clef à sa place habituelle et partis. En quittant la
rue de Cluny, j'entendis derrière moi le pas léger d'une femme.

— Je vous avais brodé cette bourse, la refuserez-vous aussi ? me
dit Pauline.

Je crus apercevoir à la lueur du réverbère une larme dans les
yeux de Pauline, et je soupirai. Poussés tous deux par la même
pensée peut-être, nous nous séparâmes avec l'empressement
de gens qui auraient voulu fuir la peste. La vie de dissipation à
laquelle je me vouais apparut devant moi bizarrement exprimée
par la chambre où j'attendais avec une noble insouciance le retour
de Rastignac. […]

J'étais presque assoupi quand, d'un coup de pied, Rastignac
enfonça la porte de sa chambre, et s'écria :

— Victoire ! nous pourrons mourir à notre aise. Il me montra son
chapeau plein d'or, le mit sur la table, et nous dansâmes autour
comme deux cannibales[1] ayant une proie à manger, hurlant, trépi-
gnant, sautant, nous donnant des coups de poing à tuer un rhino-
céros, et chantant à l'aspect de tous les plaisirs du monde contenus
pour nous dans ce chapeau.

— Vingt-sept mille francs, répétait Rastignac en ajoutant
quelques billets de banque au tas d'or. À d'autres cet argent suffi-

---

1. **Cannibales :** sauvages qui mangent de la chair humaine.

rait pour vivre, mais nous suffira-t-il pour mourir ? Oh ! oui, nous expirerons dans un bain d'or. Hourra !

275 Et nous cabriolâmes derechef[1]. Nous partageâmes en héritiers, pièce à pièce, commençant par les doubles napoléons[2], allant des grosses pièces aux petites, et distillant[3] notre joie en disant long-temps : À toi. À moi.

— Nous ne dormirons pas, s'écria Rastignac. Joseph, du punch[4] !
Il jeta de l'or à son fidèle domestique :

280 — Voilà ta part, dit-il, enterre-toi si tu peux.

---

1. **Derechef :** à nouveau.
2. **Napoléons :** pièces d'or à l'effigie de Napoléon Ier.
3. **Distillant :** du verbe « distiller », répandre.
4. **Punch :** boisson alcoolisée à base de rhum.

Clefs d'analyse

Action et personnages

1. En vous appuyant sur le vocabulaire et sur les constructions grammaticales, déterminez les sentiments qu'exprime Pauline quand elle parle de Raphaël.

2. À partir de quel point de vue est présentée Foedora dans la scène de sa chambre à coucher ?

3. Quel effet le chant de Foedora produit-il sur Raphaël ? Que découvre le jeune homme à travers la voix de la jeune femme ?

4. Quels sentiments éprouve Raphaël devant Foedora endormie ? Expliquez la phrase « je n'avais pas compris mon supplice : être si près et si loin d'elle » (l. 132-133).

5. Pourquoi Raphaël se sauve-t-il brusquement ? Citez une phrase révélatrice.

6. Quelle dernière tentative Raphaël va-t-il engager pour faire fléchir Foedora ? Que pensez-vous de sa persistance face à cette femme inflexible ?

7. Montrez, en citant le texte, la difficulté qu'éprouve Raphaël à mettre son plan en action.

8. Comment les aveux de Raphaël sont-ils reçus ? Quels traits de caractère confirme Foedora dans ses réponses ?

9. Étudiez la scène des adieux avec Pauline. Qu'éprouve la jeune fille ?

10. Quelles décisions Raphaël prend-il ? Dans quel état psychologique et financier se trouve-t-il ? Quelle sera sa nouvelle vie avec l'argent gagné au jeu par Rastignac ?

Langue

1. « La muse avait fui » (l. 215-216) : expliquez le sens de cette phrase. À quels choix d'écriture doit-elle sa puissance expressive ?

2. Clarifiez le sens de l'expression « un baiser de frère, un baiser de vieillard » (l. 249-250).

Genre ou thèmes

1. « Je la voyais alors comme je te vois » (l. 40-41) : à qui s'adresse cette phrase ? Quelle distance sépare le narrateur de Foedora ?
2. Expliquez cette remarque de Foedora : « L'existence est bien vide » (l. 79).
3. Comment Foedora se conduit-elle avec sa femme de chambre? Que révèlent le dialogue et les gestes de Justine sur la société et les usages du XIXe siècle ?
4. Que pense Foedora du mariage et de la maternité ? À quel autre personnage féminin ses propos font-il écho ?
5. Expliquez la pitié de Raphaël pour Foedora (l. 104).

Écriture

1. Raphaël juge Foedora « mystérieuse » : justifiez ce point de vue en présentant des arguments clairs et dites ce que, vous-même, vous pensez de ce personnage féminin en vous appuyant sur ses actions et ses paroles dans cet épisode.
2. Êtes-vous favorable à l'amitié entre un garçon et une fille, relation que Foedora propose à Raphaël, mais qu'il repousse ? Développez une réflexion qui se fondera sur des arguments et des exemples.

Pour aller plus loin

1. Citez au moins une œuvre littéraire (théâtre, roman, poésie) qui présente un homme rejeté par la femme qu'il aime.

✳ À retenir

Les jeux sur le point de vue permettent à un écrivain de présenter une scène sous une forme dramatique particulièrement étudiée : la scène du coucher de Foedora est rapportée à partir du point de vue de Raphaël caché derrière les rideaux de la chambre. C'est à travers le regard du jeune homme amoureux que la jeune femme est décrite et que ses paroles sont rapportées. On parle alors d'un point de vue « interne ».

Clefs d'analyse

Épisode 5

Le lendemain, j'achetai des meubles chez Lesage[1], je louai l'appartement où tu m'as connu, rue Taitbout[2], et chargeai le meilleur tapissier de le décorer. J'eus des chevaux. Je me lançai dans un tourbillon de plaisirs creux et réels tout à la fois. Je jouais, gagnais et perdais tour à tour d'énormes sommes, mais au bal, chez nos amis, jamais dans les maisons de jeu pour lesquelles je conservai ma sainte et primitive horreur[3]. Insensiblement je me fis des amis. [...]

Je ne voulais plus rester seul avec moi-même. J'avais besoin de courtisanes[4], de faux amis de vin, de bonne chère[5] pour m'étourdir. Les liens qui attachent un homme à la famille étaient brisés en moi pour toujours. Galérien du plaisir[6], je devais accomplir ma destinée de suicide.

Ruiné, accablé de dettes, Raphaël se voit obligé de vendre le dernier bien qui lui restait de son passé : l'île où se trouve le tombeau de sa mère. Mais l'argent ainsi recueilli ne dure pas longtemps. Le jeune débauché décide alors de mettre sur le tapis vert sa dernière pièce de vingt francs...Il entre dans une maison de jeu et perd. Il ne lui reste alors qu'une solution : se jeter dans la Seine.

Raphaël interrompt ici sa longue confession, soudain rappelé à la réalité de la fête donnée par le banquier Taillefer. Le lecteur retrouve alors le héros aux côtés de son ami Émile à qui il vient de raconter sa vie, dans le cadre de l'hôtel particulier du banquier où les invités sont écroulés de fatigue et de vin.

---

1. **Lesage :** marchand de meubles et d'objets d'art qui avait pour clients les mondains de l'époque.
2. **Rue Taitbout :** à la Chaussée-d'Antin, rive droite (aujourd'hui, dans le IXe arrondissement de Paris).
3. **Jamais dans les maisons de jeu pour lesquelles je conservai ma sainte et primitive horreur :** Raphaël a autrefois promis à son père de ne jamais fréquenter les maisons de jeu.
4. **Courtisanes :** femmes qui vendent leurs faveurs aux hommes.
5. **Bonne chère :** bonne nourriture, bons repas.
6. **Galérien du plaisir :** bagnard, forçat ; Raphaël devient esclave de ses désirs.

25 — Hé ! hé ! s'écria-t-il en pensant tout à coup à son talisman qu'il tira de sa poche.

Soit que, fatigué des luttes de cette longue journée, il n'eût plus la force de gouverner son intelligence dans les flots de vin et de punch ; soit qu'exaspéré par l'image de sa vie, il se fût insensible-
30 ment enivré par le torrent de ses paroles, Raphaël s'anima, s'exalta comme un homme complètement privé de raison.

— Au diable la mort ! s'écria-t-il en brandissant la Peau. Je veux vivre maintenant ! Je suis riche, j'ai toutes les vertus. Rien ne me résistera. Qui ne serait pas bon quand il peut tout ? Hé ! hé !
35 Ohé ! J'ai souhaité deux cent mille livres de rente, je les aurai. Saluez-moi, pourceaux[1] qui vous vautrez sur ces tapis comme sur du fumier ! Vous m'appartenez, fameuse propriété ! Je suis riche, je peux vous acheter tous, même le député qui ronfle là. Allons, canaille de la haute société, bénissez-moi ! Je suis pape.

40 En ce moment les exclamations de Raphaël, jusque-là couvertes par la basse continue des ronflements, furent entendues soudain. La plupart des dormeurs se réveillèrent en criant, ils virent l'interrupteur mal assuré sur ses jambes, et maudirent sa bruyante ivresse par un concert de jurements[2].

45 — Taisez-vous ! reprit Raphaël. Chiens, à vos niches ! Émile, j'ai des trésors, je te donnerai des cigares de la Havane[3].

Les deux amis épuisés finissent par s'endormir. Puis, vers midi, les invités du baron commencent à se réveiller.

Le lendemain, vers midi, la belle Aquilina se leva, bâillant, fati-
50 guée, et les joues marbrées par les empreintes du tabouret en velours peint sur lequel sa tête avait reposé. Euphrasie, réveillée par le mouvement de sa compagne, se dressa tout à coup en jetant un cri rauque ; sa jolie figure, si blanche, si fraîche la veille, était jaune et pâle comme celle d'une fille allant à l'hôpi-
55 tal. Insensiblement les convives se remuèrent en poussant des gémissements sinistres, ils se sentirent les bras et les jambes rai-

---

1. **Pourceaux :** porcs.
2. **Jurements :** jurons, blasphèmes.
3. **Cigares de la Havane :** les meilleurs cigares fabriqués à Cuba, dans les Caraïbes.

dis, mille fatigues diverses les accablèrent à leur réveil. Un valet vint ouvrir les persiennes et les fenêtres des salons. L'assemblée se trouva sur pied, rappelée à la vie par les chauds rayons du soleil qui pétilla sur les têtes des dormeurs. Les mouvements du sommeil ayant brisé l'élégant édifice de leurs coiffures et fané leurs toilettes, les femmes frappées par l'éclat du jour présentèrent un hideux spectacle : leurs cheveux pendaient sans grâce, leurs physionomies avaient changé d'expression, leurs yeux si brillants étaient ternis par la lassitude. Les teints bilieux[1] qui jettent tant d'éclat aux lumières faisaient horreur, les figures lymphatiques[2], si blanches, si molles quand elles sont reposées, étaient devenues vertes ; les bouches naguère délicieuses et rouges, maintenant sèches et blanches, portaient les honteux stigmates[3] de l'ivresse. Les hommes reniaient leurs maîtresses nocturnes à les voir ainsi décolorées, cadavéreuses[4] comme des fleurs écrasées dans une rue après le passage des processions[5]. Ces hommes dédaigneux étaient plus horribles encore. Vous eussiez frémi de voir ces faces humaines, aux yeux caves[6] et cernés qui semblaient ne rien voir, engourdies par le vin, hébétées par un sommeil gêné[7], plus fatigant que réparateur.

Un « déjeuner splendide » est servi . Soudain arrive « le capitaliste Cardot[8] ». Il a une grande nouvelle à annoncer à l'un des convives.

— Un instant, répliqua Cardot assourdi par un chœur de mauvaises plaisanteries, je viens ici pour affaire sérieuse. J'apporte six millions à l'un de vous. (Silence profond.) Monsieur, dit-il en s'adressant à Raphaël, qui, dans ce moment, s'occupait sans céré-

---

1. **Bilieux :** jaunes comme la bile.
2. **Lymphatiques :** jaunâtres.
3. **Stigmates :** marques, traces.
4. **Cadavéreuses :** pâles comme des cadavres ; on dirait aujourd'hui « cadavériques ».
5. **Processions :** cortèges ; défilés de personnes à l'occasion d'une cérémonie religieuse.
6. **Caves :** creux.
7. **Gêné :** inconfortable, malaisé.
8. **Le capitaliste Cardot :** il s'agit du notaire.

monie à s'essuyer les yeux avec un coin de sa serviette, madame votre mère n'était-elle pas une demoiselle O'Flaharty ?

85 — Oui, répondit Raphaël assez machinalement, *Barbe-Marie*.

— Avez-vous ici, reprit Cardot, votre acte de naissance et celui de madame de Valentin ?

— Je le crois.

— Eh bien ! monsieur, vous êtes seul et unique héritier du major[1]

90 O'Flaharty, décédé en août 1828, à Calcutta.

— C'est une fortune incalculable ! s'écria le jugeur[2].

— Le major ayant disposé par son testament de plusieurs sommes en faveur de quelques établissements publics, sa succession a été réclamée à la Compagnie des Indes[3] par le gouverne-

95 ment français, reprit le notaire. Elle est en ce moment liquide et palpable[4]. Depuis quinze jours je cherchais infructueusement[5] les ayants cause[6] de la demoiselle Barbe-Marie O'Flaharty, lorsque hier à table...

En ce moment, Raphaël se leva soudain en laissant échapper le

100 mouvement brusque d'un homme qui reçoit une blessure. Il se fit comme une acclamation silencieuse, le premier sentiment des convives fut dicté par une sourde envie, tous les yeux se tournèrent vers lui comme autant de flammes. Puis, un murmure, semblable à celui d'un parterre[7] qui se courrouce[8], une rumeur

105 d'émeute commença, grossit, et chacun dit un mot pour saluer cette fortune immense apportée par le notaire. Rendu à toute sa

---

1. **Major :** grade militaire qui désigne un officier supérieur.
2. **Jugeur :** celui qui se permet de juger et de porter des jugements sur tout ; personnage caricatural des salons de l'époque ; Balzac le décrit ainsi au chapitre 1 : « Le *jugeur*, qui ne s'étonne de rien, qui se mouche au milieu d'une cavatine (dans un opéra, courte pièce vocale pour soliste) aux Bouffons, y crie *brava* avant tout le monde, et contredit ceux qui préviennent son avis, était là, cherchant à s'attribuer les mots des gens d'esprit. »
3. **Compagnie des Indes :** compagnie qui gérait le commerce de certaines denrées entre la France et ses colonies.
4. **Palpable :** qu'on peut toucher.
5. **Infructueusement :** sans succès.
6. **Ayants cause :** héritiers.
7. **Parterre :** ensemble des spectateurs placés sur la partie d'une salle de spectacle entre l'orchestre et le fond du théâtre (le parterre proprement dit).
8. **Se courrouce :** se met en colère.

II. La femme sans cœur

raison par la brusque obéissance du sort, Raphaël étendit promptement sur la table la serviette avec laquelle il avait mesuré naguère la peau de chagrin. Sans rien écouter, il y superposa le talisman, et frissonna violemment en voyant une assez grande distance entre le contour tracé sur le linge et celui de la Peau.

— Eh bien ! qu'a-t-il donc ? s'écria Taillefer, il a sa fortune à bon compte.

— Soutiens-le, Châtillon, dit Bixiou à Émile, la joie va le tuer.

Une horrible pâleur dessina tous les muscles de la figure flétrie de cet héritier : ses traits se contractèrent, les saillies de son visage[1] blanchirent, les creux devinrent sombres, le masque fut livide, et les yeux se fixèrent. Il voyait la MORT. Ce banquier splendide entouré de courtisanes fanées, de visages rassasiés, cette agonie de la joie, était une vivante image de sa vie. Raphaël regarda trois fois le talisman qui se jouait à l'aise dans les impitoyables lignes imprimées sur la serviette : il essayait de douter, mais un clair pressentiment anéantissait son incrédulité[2]. Le monde lui appartenait, il pouvait tout et ne voulait plus rien. Comme un voyageur au milieu du désert, il avait un peu d'eau pour la soif et devait mesurer sa vie au nombre des gorgées. Il voyait ce que chaque désir devait lui coûter de jours. Puis il croyait à la peau de chagrin, il s'écoutait respirer, il se sentait déjà malade, il se demandait : Ne suis-je pas pulmonique[3] ? Ma mère n'est-elle pas morte de la poitrine ?

— Ah ! ah ! Raphaël, vous allez bien vous amuser ! Que me donnerez-vous ? disait Aquilina.

— Buvons à la mort de son oncle, le major Martin O'Flaharty ? Voilà un homme.

— Il sera pair de France[4].

---

1. **Saillies de son visage :** parties du visage qui dépassent, qui ressortent.
2. **Incrédulité :** fait de ne pas croire la réalité en face de soi.
3. **Pulmonique :** atteint d'une affection du poumon, en particulier de tuberculose pulmonaire.
4. **Pair de France :** membre exerçant la puissance législative avec le roi et la Chambre des députés.

78

— Bah ! qu'est-ce qu'un pair de France après Juillet[1] ? dit le jugeur.

— Auras-tu loge aux Bouffons[2] ?

— J'espère que vous nous régalerez tous, dit Bixiou.

140 — Un homme comme lui sait faire grandement les choses, dit Émile.

Le hourra de cette assemblée rieuse résonnait aux oreilles de Valentin[3] sans qu'il pût saisir le sens d'un seul mot ; il pensait vaguement à l'existence mécanique et sans désirs d'un paysan de 145 Bretagne, chargé d'enfants, labourant son champ, mangeant du sarrazin[4], buvant du cidre à même son *piché*[5], croyant à la Vierge et au roi, communiant à Pâques, dansant le dimanche sur une pelouse verte et ne comprenant pas le sermon de son *recteur*[6]. Le spectacle offert en ce moment à ses regards, ces lambris[7] dorés, ces 150 courtisanes, ce repas, ce luxe, le prenaient à la gorge et le faisaient tousser.

— Désirez-vous des asperges ? lui cria le banquier.

— Je ne désire rien, lui répondit Raphaël d'une voix tonnante.

— Bravo ! répliqua Taillefer. Vous comprenez la fortune, elle est 155 un brevet d'impertinence. Vous êtes des nôtres ! Messieurs, buvons à la puissance de l'or. Monsieur de Valentin devenu six fois millionnaire arrive au pouvoir. Il est roi, il peut tout, il est au-dessus de tout, comme sont tous les riches. Pour lui désormais, LES FRANÇAIS SONT ÉGAUX DEVANT LA LOI est un mensonge inscrit en tête 160 du Code[8]. Il n'obéira pas aux lois, les lois lui obéiront. Il n'y a pas d'échafaud, pas de bourreaux pour les millionnaires !

— Oui, répliqua Raphaël, ils sont eux-mêmes leurs bourreaux !

---

1. **Qu'est-ce qu'un pair de France après Juillet :** le roi Louis-Philippe, après la révolution de juillet 1830, conserve la Chambre des pairs, mais supprime l'hérédité de la pairie.
2. **Bouffons :** théâtre d'« opéra bouffon » (un opéra de caractère léger), à Paris.
3. **Valentin :** il s'agit de Raphaël devenu le marquis de Valentin.
4. **Sarrazin :** blé noir.
5. **Piché :** pichet.
6. **Recteur :** curé d'une paroisse (en Bretagne).
7. **Lambris :** boiseries.
8. **Code :** la Constitution ; désigne ici le document qui fonde la monarchie de Juillet, avec ses lois.

II. La femme sans cœur

— Encore un préjugé[1] ! cria le banquier.

— Buvons, dit Raphaël en mettant le talisman dans sa poche.

165 — Que fais-tu là ? dit Émile en lui arrêtant la main. Messieurs, ajouta-t-il en s'adressant à l'assemblée assez surprise des manières de Raphaël, apprenez que notre ami de Valentin, que dis-je ? MONSIEUR LE MARQUIS DE VALENTIN, possède un secret pour faire fortune. Ses souhaits sont accomplis au moment même où il les

170 forme. À moins de passer pour un laquais, pour un homme sans cœur, il va nous enrichir tous.

— Ah ! mon petit Raphaël, je veux une parure de perles, s'écria Euphrasie.

— S'il est reconnaissant, il me donnera deux voitures attelées de

175 beaux chevaux et qui aillent vite ! dit Aquilina.

— Souhaitez-moi cent mille livres de rente.

— Des cachemires !

— Payez mes dettes !

— Envoie une apoplexie[2] à mon oncle, le grand sec !

180 — Raphaël, je te tiens quitte[3] à dix mille livres de rente.

— Voilà bien des donations ! s'écria le notaire.

— Il devrait bien me guérir de la goutte[4].

— Faites baisser les rentes, s'écria le banquier.

Toutes ces phrases partirent comme les gerbes du bouquet qui

185 termine un feu d'artifice, et ces furieux désirs étaient peut-être plus sérieux que plaisants.

— Mon cher ami, dit Émile d'un air grave, je me contenterai de deux cent mille livres de rente ; exécute-toi de bonne grâce, allons !

190 — Émile, dit Raphaël, tu ne sais donc pas à quel prix ?

— Belle excuse ! s'écria le poète. Ne devons-nous pas nous sacrifier pour nos amis ?

— J'ai presque envie de souhaiter votre mort à tous, répondit Valentin en jetant un regard sombre et profond sur les convives.

---

1. **Préjugé :** opinion que l'on se fait à l'avance sur une chose, avant de l'avoir examinée.
2. **Apoplexie :** insuffisance cardiaque qui provoque une mort violente.
3. **Je te tiens quitte :** je ne te demande rien d'autre que.
4. **Goutte :** maladie chronique qui détruit les articulations et fait beaucoup souffrir.

195   — Les mourants sont furieusement cruels, dit Émile en riant. Te voilà riche, ajouta-t-il sérieusement, eh bien ! je ne te donne pas deux mois pour devenir fangeusement[1] égoïste. Tu es déjà stupide, tu ne comprends pas une plaisanterie. Il ne te manque plus que de croire à ta peau de chagrin.

200   Raphaël craignit les moqueries de cette assemblée, garda le silence, but outre mesure et s'enivra pour oublier un moment sa funeste puissance.

---

1. **Fangeusement :** de « fange », boue ; honteusement.

Clefs d'analyse

Action et personnages

1. Comment Raphaël a-t-il passé son temps depuis qu'il a quitté sa mansarde ?

2. Quelle explication donne-t-il à sa volonté de mettre fin à ses jours ? À quel épisode du roman renvoie ce suicide programmé ?

3. Décrivez la réaction de Raphaël soudain rappelé à la réalité de la peau de chagrin et de son pouvoir. Relevez et commentez quelques expressions révélant son exaltation.

4. Peut-on vraiment parler de « coup de théâtre » dans l'arrivée de Cardot ? La nouvelle fortune de Raphaël étonne-t-elle l'héritier ? les convives ? le lecteur ? Pourquoi ?

5. Comment réagit la foule des invités à l'annonce de la nouvelle fortune de Raphaël ? Étudiez notamment les notations de bruits.

6. Que fait Raphaël quand il apprend que son vœu de richesse a été exaucé ? Analysez ses émotions en prenant appui sur ses réactions physiques.

7. Quelle est désormais la tragédie de Raphaël ? Montrez, en citant le texte, qu'il comprend que sa situation est sans issue.

8. Opposez la réaction de Raphaël aux paroles de l'« assemblée rieuse » qui l'entoure : quel effet veut créer le narrateur ?

9. Quels vœux formule la foule des convives sollicitant la générosité de Raphaël ? À travers ces souhaits, que découvrons-nous des désirs humains et de la société de l'époque ?

Langue

1. Sur quel aspect insiste l'expression « galérien du plaisir » (l. 12) qu'utilise Raphaël pour décrire sa nouvelle vie ? Quelle figure de style donne à cette expression sa puissance de signification ?

2. « [...] il pouvait tout et ne voulait plus rien » (l. 124) : expliquez comment fonctionne ici l'antithèse et quelle idée elle développe.

3. En quoi consiste la « funeste puissance » de Raphaël ? Le terme « funeste » vous semble-t-il bien adapté au nom « puissance » ?

Genre ou thèmes

1. Où se trouve Raphaël quand il interrompt le récit de sa jeunesse ? Qui devient alors le narrateur principal ?

2. Étudiez le réalisme dans le passage où est évoqué le réveil des noceurs : quelle image se dégage de cette description ? Appuyez-vous sur le champ lexical dominant.

3. Relevez et analysez les propos de chacun sur la richesse : ces paroles sont-elles cyniques ou réalistes ?

4. Comment Balzac donne-t-il à cette scène une puissance dramatique exceptionnelle ?

Écriture

1. Quelles pensées éveille en vous la puissance de l'argent ? Si, devenu adulte, vous êtes très riche, que ferez-vous en priorité et quel sera votre style de vie ?

Pour aller plus loin

1. « Je suis riche, j'ai toutes les vertus », s'exclame Raphaël ivre de son pouvoir. Retrouvez, dans vos lectures, un portrait des *Caractères* de La Bruyère (« Des biens de fortune ») qui fait la satire d'un homme riche. Le texte se termine par la phrase « Il est riche ».

✳ À retenir

Dans un roman, une « scène » développe en détail un moment fort de l'action. Elle met en attente la progression dramatique pour se concentrer sur un personnage ou un groupe dont les réactions méritent un temps de pause. L'annonce de l'héritage de Raphaël est une scène forte qui met en évidence la tragédie du jeune héritier et qui révèle, à travers les dialogues, la puissance de l'argent sur les esprits.

III. L'agonie

Épisode 6

Dans les premiers jours du mois de décembre, un vieillard septuagénaire[1] allait, malgré la pluie, par la rue de Varennes[2] en levant
le nez à la porte de chaque hôtel, et cherchant l'adresse de M. le
marquis Raphaël de Valentin, avec la naïveté d'un enfant et l'air
5 absorbé des philosophes. [...]

— Monsieur, je désirerais parler à M. Raphaël, dit le vieillard à
Jonathas en montant quelques marches du perron pour se mettre
à l'abri de la pluie.

— Parler à M. le marquis, s'écria l'intendant. À peine m'adresse
10 t-il la parole, à moi son père nourricier[3]...

— Mais je suis aussi son père nourricier, s'écria le vieil homme.
Si votre femme l'a jadis allaité, je lui ai fait sucer moi-même le sein
des muses[4]. Il est mon nourrisson, mon enfant, *carus alumnus*[5] !
J'ai façonné sa cervelle, cultivé son entendement[6], développé son
15 génie, et j'ose le dire, à mon honneur et gloire. N'est-il pas un
des hommes les plus remarquables de notre époque ? Je l'ai eu,
sous moi, en sixième, en troisième et en rhétorique[7]. Je suis son
professeur.

— Ah ! monsieur est M. Porriquet.

20 — Précisément. Mais monsieur...

---

1. **Septuagénaire :** âgé d'au moins soixante-dix ans.
2. **Rue de Varennes :** aujourd'hui dans le 7ᵉ arrondissement de Paris, la rue de
   Varenne est l'une des plus riches en hôtels particuliers somptueux.
3. **Père nourricier :** Jonathas a élevé Raphaël, comme une nourrice.
4. **Le sein des muses :** image pour dire que le visiteur a formé Raphaël intellectuellement ; les Muses, au nombre de neuf, sont les divinités gréco-romaines des arts et
   des lettres.
5. *Carus alumnus :* cher élève (en latin).
6. **Entendement :** intelligence.
7. **Rhétorique :** classe où l'on enseignait la « rhétorique », ou art de bien parler dans
   l'intention de persuader.

— Chut, chut ! fit Jonathas à deux marmitons[1] donc les voix rompaient le silence claustral[2] dans lequel la maison était ensevelie.

— Mais, monsieur, reprit le professeur, monsieur le marquis serait-il malade ?

— Mon cher monsieur, répondit Jonathas, Dieu seul sait ce qui tient mon maître. Voyez-vous, il n'existe pas à Paris deux maisons semblables à la nôtre. Entendez-vous ? deux maisons. Ma foi, non. Monsieur le marquis a fait acheter cet hôtel qui appartenait précédemment à un duc et pair[3]. Il a dépensé trois cent mille francs[4] pour le meubler. Voyez-vous ? c'est une somme, trois cent mille francs. Mais chaque pièce de notre maison est un vrai miracle. Bon ! me suis-je dit en voyant cette magnificence, c'est comme chez défunt[5] monsieur son père ! Le jeune marquis va recevoir la ville et la cour ! Point. Monsieur n'a voulu voir personne. Il mène une drôle de vie, monsieur Porriquet, entendez-vous ? une vie inconciliable[6]. Monsieur se lève tous les jours à la même heure. Il n'y a que moi, moi seul, voyez-vous ? qui puisse entrer dans sa chambre. J'ouvre à sept heures, été comme hiver. Cela est convenu singulièrement. Étant entré, je lui dis : « Monsieur le marquis, il faut vous réveiller et vous habiller. » Il se réveille et s'habille. Je dois lui donner sa robe de chambre, toujours faite de la même façon et de la même étoffe. Je suis obligé de la remplacer quand elle ne pourra plus servir, rien que pour lui éviter la peine d'en demander une neuve. C'te imagination ! Au fait, il a mille francs à manger par jour, il fait ce qu'il veut, ce cher enfant. D'ailleurs, je l'aime tant, qu'il me donnerait un soufflet[7] sur la joue droite, je lui tendrais la gauche ! Il me dirait de faire des choses plus difficiles, je les ferais encore, entendez-vous ? Au reste, il m'a chargé de

---

1. **Marmitons :** apprentis à qui l'on confie les tâches les moins importantes en cuisine.
2. **Silence claustral :** silence absolu des cloîtres où les religieux étudient et méditent.
3. **Pair :** voir note 1, p. 79.
4. **Trois cent mille francs :** représente une somme considérable à l'époque.
5. **Défunt :** qui est mort.
6. **Inconciliable :** dans la bouche de Jonathas content d'utiliser un mot difficile avec le professeur, ce terme signifie « incompréhensible ».
7. **Soufflet :** gifle.

tant de vétilles[1], que j'ai de quoi m'occuper. Il lit les journaux, pas
vrai ? Ordre de les mettre au même endroit, sur la même table. Je
viens aussi, à la même heure, lui faire moi-même la barbe et je ne
tremble pas. Le cuisinier perdrait mille écus de rente viagère qui
l'attendent après la mort de Monsieur, si le déjeuner ne se trouvait
pas inconciliablement[2] servi devant monsieur, à dix heures, tous
les matins, et le dîner à cinq heures précises. Le menu est dressé
pour l'année entière, jour par jour. M. le marquis n'a rien à souhaiter. Il a des fraises quand il y a des fraises, et le premier maquereau
qui arrive à Paris, il le mange. Le programme est imprimé, il sait le
matin son dîner par cœur. Pour lors, il s'habille à la même heure
avec les mêmes habits, le même linge, posés toujours par moi,
entendez-vous ? sur le même fauteuil. Je dois encore veiller à ce
qu'il ait toujours le même drap ; en cas de besoin, si sa redingote
s'abîme, une supposition, la remplacer par une autre, sans lui en
dire un mot. S'il fait beau, j'entre et je dis à mon maître : « Vous
devriez sortir, Monsieur. » Il me répond oui, ou non. S'il a idée de
se promener, il n'attend pas ses chevaux, ils sont toujours attelés ;
le cocher reste inconciliablement, fouet en main, comme vous le
voyez là. Le soir, après le dîner, monsieur va un jour à l'Opéra et
l'autre aux Ital… mais non, il n'a pas encore été aux Italiens[3], je
n'ai pu me procurer une loge qu'hier. Puis, il rentre à onze heures
précises pour se coucher. Pendant les intervalles de la journée où
il ne fait rien, il lit, il lit toujours, voyez-vous ? une idée qu'il a.
J'ai ordre de lire avant lui le *Journal de la librairie*[4], afin d'acheter
des livres nouveaux, afin qu'il les trouve le jour même de leur
vente sur sa cheminée. J'ai la consigne[5] d'entrer d'heure en heure
chez lui, pour veiller au feu, à tout, pour voir à ce que rien ne
lui manque ; il m'a donné, monsieur, un petit livre à apprendre
par cœur, et où sont écrits tous mes devoirs, un vrai catéchisme.
En été, je dois, avec des tas de glace, maintenir la température

---

1. **Vétilles :** petites choses.
2. **Inconciliablement :** systématiquement.
3. **Aux Italiens :** au Théâtre italien, un théâtre parisien.
4. ***Journal de la librairie :*** la *Bibliographie de la France*, revue officielle qui annonçait les nouveaux livres publiés.
5. **Consigne :** ordre.

80 au même degré de fraîcheur, et mettre en tous temps des fleurs
nouvelles partout. Il est riche ! il a mille francs à manger par
jour, il peut faire ses fantaisies. Il a été privé assez longtemps du
nécessaire, le pauvre enfant ! Il ne tourmente personne, il est bon
comme le bon pain, jamais il ne dit mot, mais, par exemple, silence
85 complet à l'hôtel et dans le jardin ! Enfin, mon maître n'a pas un
seul désir à former, tout marche au doigt et à l'œil, et *recta*[1] ! Et il a
raison, si l'on ne tient pas les domestiques, tout va à la débandade.
Je lui dis tout ce qu'il doit faire, et il m'écoute. Vous ne sauriez
croire à quel point il a poussé la chose. Ses appartements sont…
90 en… en comment donc ? ah ! en enfilade[2]. Eh bien ! il ouvre,
une supposition, la porte de sa chambre ou de son cabinet, crac !
toutes les portes s'ouvrent d'elles-mêmes par un mécanisme. Pour
lors, il peut aller d'un bout à l'autre de sa maison sans trouver
une seule porte fermée. C'est gentil et commode et agréable pour
95 nous autres ! Ça nous a coûté gros, par exemple ! Enfin, finalement, monsieur Porriquet, il m'a dit : « Jonathas, tu auras soin de
moi comme d'un enfant au maillot[3]. Au maillot, oui, monsieur, au
maillot qu'il a dit. Tu penseras à mes besoins, pour moi. » Je suis le
maître, entendez-vous ? et il est quasiment le domestique. Le pour-
100 quoi ? Ah ! par exemple, voilà ce que personne au monde ne sait
que lui et le bon Dieu. C'est inconciliable[4] !

   — Il fait un poème, s'écria le vieux professeur.

   — Vous croyez, monsieur, qu'il fait un poème ? C'est donc bien
assujettissant[5], ça ! Mais, voyez-vous, je ne crois pas. Il me répète
105 souvent qu'il veut vivre comme une vergétation[6], en vergétant[7]. Et
pas plus tard qu'hier, monsieur Porriquet, il regardait une tulipe,
et il disait en s'habillant : « Voilà ma vie. Je vergète, mon pauvre

---

1. **Au doigt et à l'œil, et *recta* :** d'une manière absolument parfaite.
2. **En enfilade :** les pièces se suivent les unes les autres.
3. **Enfant au maillot :** bébé.
4. **Inconciliable :** ici, « non négociable ».
5. **Assujettissant :** contraignant.
6. **Vergétation :** végétation (le domestique, peu instruit, déforme le mot). On dirait aujourd'hui « comme un légume ».
7. **En vergétant :** comprendre « en végétant », c'est-à-dire en restant inactif.

III. L'agonie

Jonathas. » À cette heure, d'autres prétendent qu'il est *monomane*[1]. C'est inconciliable[2] !

110 — Tout me prouve, Jonathas, reprit le professeur avec une gravité magistrale[3] qui imprima un profond respect au vieux valet de chambre, que votre maître s'occupe d'un grand ouvrage. Il est plongé dans de vastes méditations, et ne veut pas en être distrait par les préoccupations de la vie vulgaire. Au milieu de ses travaux
115 intellectuels, un homme de génie oublie tout. Un jour le célèbre Newton[4]…

— Ah ! Newton, bien, dit Jonathas. Je ne le connais pas.

— Newton, un grand géomètre, reprit Porriquet, passa vingt-quatre heures, le coude appuyé sur une table ; quand il sortit de
120 sa rêverie, il croyait le lendemain être encore à la veille, comme s'il eût dormi. Je vais aller le voir, ce cher enfant, je peux lui être utile.

— Minute, s'écria Jonathas. Vous seriez le roi de France, l'ancien, s'entend[5] ! que vous n'entreriez pas à moins de forcer les portes et de me marcher sur le corps. Mais, monsieur Porriquet, je cours
125 lui dire que vous êtes là, et je lui demanderai comme ça : « Faut-il le faire monter ? » Il répondra *oui* ou *non*. Jamais je ne lui dis : *Souhaitez-vous ? voulez-vous ? désirez-vous ?* Ces mots-là sont rayés de la conversation. Une fois il m'en est échappé un. — Veux-tu me faire mourir ? m'a-t-il dit, tout en colère.

130 Jonathas laissa le vieux professeur dans le vestibule, en lui faisant signe ne pas avancer ; mais il revint promptement avec une réponse favorable, et conduisit le vieil émérite[6] à travers de somptueux appartements, dont toutes les portes étaient ouvertes. Porriquet aperçut de loin son élève au coin d'une cheminée.
135 Enveloppé d'une robe de chambre à grands dessins, et plongé dans un fauteuil à ressorts, Raphaël lisait le journal. L'extrême mélancolie à laquelle il paraissait être en proie était exprimée par l'attitude maladive de son corps affaissé ; elle était peinte sur son

---

1. **Monomane :** atteint de monomanie (folie ou délire sur un seul objet).
2. **Inconciliable :** ici, « incompréhensible ».
3. **Magistrale :** de maître.
4. **Newton :** physicien, philosophe, astronome et mathématicien anglais (1642-1727), considéré comme l'un des plus grands hommes de science de l'histoire humaine.
5. **S'entend :** je veux dire.
6. **Émérite :** professeur qui a pris sa retraite et jouit des honneurs de son titre.

front, sur son visage pâle comme une fleur étiolée[1]. Une sorte de
140 grâce efféminée et les bizarreries particulières aux malades riches
distinguaient sa personne. Ses mains, semblables à celles d'une
jolie femme, avaient une blancheur molle et délicate. Ses cheveux
blonds, devenus rares, se bouclaient autour de ses tempes par une
coquetterie recherchée.

145 *Le professeur de Raphaël est venu demander à son ancien*
élève d'user de son influence pour l'aider à retrouver un emploi.
Spontanément, Raphaël déclare : « Je souhaite bien vivement que
vous réussissiez ». Aussitôt, la peau de chagrin rétrécit. Raphaël entre
dans une fureur indescriptible.

150 La colère avait blanchi le visage de Raphaël ; une légère écume[2]
sillonnait ses lèvres tremblantes, et l'expression de ses yeux était
sanguinaire. À cet aspect, les deux vieillards furent saisis d'un
tressaillement convulsif, comme deux enfants en présence d'un
serpent. Le jeune homme tomba sur son fauteuil ; il se fit une sorte
155 de réaction dans son âme, des larmes coulèrent abondamment de
ses yeux flamboyants.
— Oh ! ma vie ! ma belle vie ! dit-il. Plus de bienfaisantes pensées ! plus d'amour ! plus rien ! Il se tourna vers le professeur. Le
mal est fait, mon vieil ami, reprit-il d'une voix douce. Je vous aurai
160 largement récompensé de vos soins. Et mon malheur aura, du
moins, produit le bien d'un bon et digne homme.

Pourtant, Raphaël accepte de se rendre au théâtre des Italiens
où Jonathas lui a trouvé une loge magnifiquement placée. Dans le
foyer[3], il rencontre le vieil antiquaire devenu amoureux d'Euphrasie
165 *qui l'accompagne. Raphaël se souvient alors qu'en quittant le maga-*
sin d'antiquités, il avait, par dérision, souhaité au marchand de
tomber amoureux d'une danseuse !... Puis il aperçoit « Foedora, pla-
cée à l'autre côté de la salle précisément en face de lui », « consciente
d'écraser par sa parure et par sa beauté les plus jolies, les plus élé-

---

1. **Étiolée :** flétrie.
2. **Écume :** mousse ; manifestation de la rage.
3. **Foyer :** salle où les spectateurs peuvent circuler et discuter pendant les entractes.

170 *gantes femmes de Paris » ; elle pâlit « en rencontrant les yeux fixes de Raphaël, son amant dédaigné » qui la foudroie « par un intolérable coup d'œil de mépris ». Troublée, Foedora voit en Raphaël « la mort de ses prestiges et de sa coquetterie ». Mais un événement inattendu va venir bouleverser la vie de Raphaël.*

175 À l'ouverture du second acte, une femme vint se placer près de Raphaël, dans une loge qui jusqu'alors était restée vide. Le parterre entier laissa échapper un murmure d'admiration. Cette mer de faces humaines agita ses lames intelligentes et tous les yeux regardèrent l'inconnue. Jeunes et vieux firent un tumulte si pro-
180 longé que, pendant le lever du rideau, les musiciens de l'orchestre se tournèrent d'abord pour réclamer le silence ; mais ils s'unirent aux applaudissements et en accrurent les confuses rumeurs. Des conversations animées s'établirent dans chaque loge. Les femmes s'étaient toutes armées de leurs jumelles, les vieillards rajeunis net-
185 toyaient avec la peau de leurs gants le verre de leurs lorgnettes[1]. L'enthousiasme se calma par degrés, les chants retentirent sur la scène, tout rentra dans l'ordre. La bonne compagnie, honteuse d'avoir cédé à un mouvement naturel, reprit la froideur aristocra-tique de ses manières polies. Les riches veulent ne s'étonner de
190 rien, ils doivent reconnaître au premier aspect d'une belle œuvre le défaut qui les dispensera de l'admiration, sentiment vulgaire. Cependant quelques hommes restèrent immobiles sans écouter la musique, perdus dans un ravissement naïf, occupés à contempler la voisine de Raphaël. Valentin aperçut dans une baignoire[2], et
195 près d'Aquilina, l'ignoble et sanglante[3] figure de Taillefer, qui lui adressait une grimace approbative[4]. Puis il vit Émile, qui, debout à l'orchestre, semblait lui dire : — Mais regarde donc la belle créature qui est près de toi ! Enfin Rastignac assis près d'une jeune femme, une veuve sans doute, tortillait ses gants comme un homme au
200 désespoir d'être enchaîné là, sans pouvoir aller près de la divine

---

1. **Lorgnettes :** petites lunettes d'approche qui permettent de mieux voir.
2. **Baignoire :** dans un théâtre, loge située au niveau du parterre.
3. **Sanglante :** de couleur rouge sang.
4. **Approbative :** qui approuve.

inconnue. La vie de Raphaël dépendait d'un pacte encore inviolé[1] qu'il avait fait avec lui-même, il s'était promis de ne jamais regarder attentivement aucune femme, et pour se mettre à l'abri d'une tentation, il portait un lorgnon dont le verre microscopique, artistement disposé, détruisait l'harmonie des plus beaux traits, en leur donnant un hideux aspect. Encore en proie à la terreur qui l'avait saisi le matin, quand, pour un simple vœu de politesse, le talisman s'était si promptement resserré, Raphaël résolut fermement de ne pas se retourner vers sa voisine. Assis comme une duchesse, il présentait le dos au coin de sa loge, et dérobait[2] avec impertinence la moitié de la scène à l'inconnue, ayant l'air de la mépriser, d'ignorer même qu'une jolie femme se trouvât derrière lui. La voisine copiait avec exactitude la posture de Valentin. Elle avait appuyé son coude sur le bord de la loge, et se mettait la tête de trois quarts, en regardant les chanteurs, comme si elle se fût posée devant un peintre. Ces deux personnes ressemblaient à deux amants brouillés qui se boudent, se tournent le dos et vont s'embrasser au premier mot d'amour. Par moments, les légers marabouts[3] ou les cheveux de l'inconnue effleuraient la tête de Raphaël et lui causaient une sensation voluptueuse contre laquelle il luttait courageusement ; bientôt il sentit le doux contact des ruches[4] de blonde[5] qui garnissaient le tour de la robe, la robe elle-même fit entendre le murmure efféminé de ses plis, frissonnement plein de molles sorcelleries ; enfin le mouvement imperceptible imprimé par la respiration à la poitrine, au dos, aux vêtements de cette jolie femme, toute sa vie suave[6] se communiqua soudain à Raphaël comme une étincelle électrique ; le tulle et la dentelle transmirent fidèlement à son épaule chatouillée la délicieuse chaleur de ce dos blanc et nu. Par un caprice de la nature, ces deux êtres désunis par le bon ton[7], séparés par les abîmes de la mort, respirèrent ensemble

1. **Inviolé :** toujours respecté, qui n'a jamais été transgressé.
2. **Dérobait :** cachait.
3. **Marabouts :** plumes de l'oiseau nommé « marabout » sur la coiffure de l'inconnue.
4. **Ruches :** bandes plissées d'étoffe, de tulle ou de dentelle qui, dans la toilette des femmes, servent d'ornement sur les collerettes, les chapeaux et les robes.
5. **Blonde :** dentelle de soie.
6. **Suave :** douce.
7. **Le bon ton :** les convenances.

et pensèrent peut-être l'un à l'autre. Les pénétrants parfums de l'aloès[1] achevèrent d'enivrer Raphaël. Son imagination irritée par un obstacle, et que les entraves[2] rendaient encore plus fantasque[3], lui dessina rapidement une femme en traits de feu[4]. Il se retourna
235   brusquement. Choquée sans doute de se trouver en contact avec un étranger, l'inconnue fit un mouvement semblable ; leurs visages, animés par la même pensée, restèrent en présence.

— Pauline !

— Monsieur Raphaël !

240   Pétrifiés l'un et l'autre, ils se regardèrent un instant en silence. Raphaël voyait Pauline dans une toilette simple et de bon goût. À travers la gaze qui couvrait chastement son corsage, des yeux habiles pouvaient apercevoir une blancheur de lis[5] et deviner des formes qu'une femme eût admirées. Puis c'était toujours sa modes-
245   tie virginale, sa céleste candeur, sa gracieuse attitude. L'étoffe de sa manche accusait le tremblement qui faisait palpiter le corps comme palpitait le cœur.

— Oh ! venez demain, dit-elle, venez à l'hôtel Saint-Quentin, y reprendre vos papiers. J'y serai à midi. Soyez exact.

250   Elle se leva précipitamment et disparut ; Raphaël voulut suivre Pauline, il craignit de la compromettre, resta, regarda Foedora, la trouva laide ; mais ne pouvant comprendre une seule phrase de musique, étouffant dans cette salle, le cœur plein[6], il sortit et revint chez lui.

255   — Jonathas, dit-il à son vieux domestique au moment où il fut dans son lit, donne-moi une demi-goutte de laudanum[7] sur un morceau de sucre ; et demain ne me réveille qu'à midi moins vingt minutes.

— Je veux être aimé de Pauline, s'écria-t-il le lendemain en regar-
260   dant le talisman avec une indéfinissable angoisse. La Peau ne fit

---

1. **Aloès :** plante grasse qui produit de petites fleurs.
2. **Entraves :** ce qui retient, contient, empêche (ici le principe de Raphaël de ne jamais s'exposer à la beauté d'une femme qui pourrait éveiller son désir).
3. **Fantasque :** fantaisiste, bizarre.
4. **Traits de feu :** éclairs lumineux.
5. **Lis :** fleur blanche.
6. **Plein :** rempli d'émotion.
7. **Laudanum :** préparation à base d'opium pour soulager la douleur et endormir.

aucun mouvement, elle semblait avoir perdu sa force contractile[1], elle ne pouvait sans doute pas réaliser un désir accompli déjà.

— Ah ! s'écria Raphaël en se sentant délivré comme d'un manteau de plomb qu'il aurait porté depuis le jour où le talisman lui avait été donné, tu mens, tu ne m'obéis pas, le pacte est rompu ! Je suis libre, je vivrai. C'était donc une mauvaise plaisanterie.

En disant ces paroles, il n'osait pas croire à sa propre pensée. Il se mit aussi simplement qu'il l'était jadis, et voulut aller à pied à son ancienne demeure, en essayant de se reporter en idée à ces jours heureux où il se livrait sans danger à la furie de ses désirs, où il n'avait point encore jugé toutes les jouissances humaines. Il marchait, voyant, non plus la Pauline de l'hôtel Saint-Quentin, mais la Pauline de la veille, cette maîtresse accomplie, si souvent rêvée, jeune fille spirituelle, aimante, artiste, comprenant les poètes, comprenant la poésie et vivant au sein du luxe ; en un mot Foedora douée d'une belle âme, ou Pauline comtesse et deux fois millionnaire comme l'était Foedora. Quand il se trouva sur le seuil usé, sur la dalle cassée de cette porte où, tant de fois, il avait eu des pensées de désespoir, une vieille femme sortit de la salle et lui dit :

— N'êtes-vous pas M. Raphaël de Valentin ?

— Oui, ma bonne mère, répondit-il.

— Vous connaissez votre ancien logement, reprit-elle, vous y êtes attendu.

— Cet hôtel est-il toujours tenu par Mme Gaudin ? demanda-t-il.

— Oh ! non, monsieur. Maintenant Mme Gaudin est baronne. Elle est dans une belle maison à elle, de l'autre côté de l'eau. Son mari est revenu. Dame ! il a rapporté des mille et des cents[2]. L'on dit qu'elle pourrait acheter tout le quartier Saint-Jacques, si elle le voulait. Elle m'a donné *gratis* son fonds et son restant de bail[3]. Ah ! c'est une bonne femme tout de même ! Elle n'est pas plus fière aujourd'hui qu'elle ne l'était hier.

Raphaël monta lestement à sa mansarde, et quand il atteignit les dernières marches de l'escalier, il entendit les sons du piano.

---

1. **Contractile :** qui a la propriété de se contracter.
2. **Des mille et des cents :** beaucoup d'argent.
3. **Bail :** contrat de location.

III. L'agonie

Pauline était là modestement vêtue d'une robe de percaline[1] ; mais
la façon[2] de la robe, les gants, le chapeau, le châle, négligemment
jetés sur le lit, révélaient toute une fortune.

— Ah ! vous voilà donc ! s'écria Pauline en tournant la tête et se
levant par un naïf mouvement de joie.

Raphaël vint s'asseoir près d'elle, rougissant, honteux, heureux ;
il la regarda sans rien dire.

— Pourquoi nous avez-vous donc quittées ? reprit-elle en bais-
sant les yeux au moment où son visage s'empourpra[3]. Qu'êtes-
vous devenu ?

— Ah ! Pauline, j'ai été, je suis bien malheureux encore !

— Là ! s'écria-t-elle tout attendrie. J'ai deviné votre sort hier en
vous voyant bien mis[4], riche en apparence, mais en réalité, hein !
monsieur Raphaël, est-ce toujours comme autrefois ?

Valentin ne put retenir quelques larmes, elles roulèrent dans ses
yeux, il s'écria :

— Pauline !... Je... Il n'acheva pas, ses yeux étincelèrent d'amour,
et son cœur déborda dans son regard.

— Oh ! il m'aime, il m'aime, s'écria Pauline.

Raphaël fit un signe de tête, car il se sentit hors d'état de prononcer une seule parole. À ce geste, la jeune fille lui prit la main, la
serra, et lui dit tantôt riant, tantôt sanglotant :

— Riches, riches, heureux, riches, ta Pauline est riche. Mais moi,
je devrais être bien pauvre aujourd'hui. J'ai mille fois dit que je
paierais ce mot : *il m'aime*, de tous les trésors de la terre. Ô mon
Raphaël ! j'ai des millions. Tu aimes le luxe, tu seras content ; mais
tu dois aimer mon cœur aussi, il y a tant d'amour pour toi dans
ce cœur ! Tu ne sais pas ? mon père est revenu. Je suis une riche
héritière. Ma mère et lui me laissent entièrement maîtresse de mon
sort ; je suis libre, comprends-tu ?

En proie à une sorte de délire, Raphaël tenait les mains de
Pauline, et les baisait si ardemment, si avidement, que son baiser semblait être une sorte de convulsion. Pauline se dégagea les

---

1. **Percaline :** étoffe de couleur en coton.
2. **La façon :** le modèle, la coupe.
3. **S'empourpra :** rougit.
4. **Bien mis :** bien habillé.

mains, les jeta sur les épaules de Raphaël et le saisit ; ils se comprirent, se serrèrent et s'embrassèrent avec cette sainte et délicieuse ferveur, dégagée de toute arrière-pensée, dont se trouve empreint
330 un seul baiser, le premier baiser par lequel deux âmes prennent possession d'elles-mêmes.

— Ah ! s'écria Pauline en retombant sur la chaise, je ne veux plus te quitter. Je ne sais d'où me vient tant de hardiesse, reprit-elle en rougissant.

335 — De la hardiesse, ma Pauline ? Oh ! ne crains rien, c'est de l'amour, de l'amour vrai, profond, éternel comme le mien, n'est-ce pas ?

— Oh ! parle, parle, parle, dit-elle. Ta bouche a été si longtemps muette pour moi !

340 — Tu m'aimais donc ?

— Oh ! Dieu, si je t'aimais ! combien de fois j'ai pleuré, là, tiens, en faisant ta chambre, déplorant ta misère et la mienne. Je me serais vendue au démon pour t'éviter un chagrin ! Aujourd'hui, *mon* Raphaël, car tu es bien à moi : à moi cette belle tête, à moi
345 ton cœur ! Oh ! oui, ton cœur, surtout, éternelle richesse ! Eh bien, où en suis-je ? reprit-elle après une pause. Ah ! m'y voici : nous avons trois, quatre, cinq millions, je crois. Si j'étais pauvre, je tiendrais peut-être à porter ton nom, à être nommée ta femme ; mais, en ce moment, je voudrais te sacrifier le monde entier, je voudrais
350 être encore et toujours ta servante. Va, Raphaël, en t'offrant mon cœur, ma personne, ma fortune, je ne te donnerais rien de plus aujourd'hui que le jour où j'ai mis là, dit-elle en montrant le tiroir de la table, certaine pièce de cent sous. Oh ! comme alors ta joie m'a fait mal.

355 — Pourquoi es-tu riche, s'écria Raphaël, pourquoi n'as-tu pas de vanité ? je ne puis rien pour toi. Il se tordit les mains de bonheur, de désespoir, d'amour. Quand tu seras madame la marquise de Valentin, je te connais, âme céleste, ce titre et ma fortune ne vaudront pas…

360 — Un seul de tes cheveux, s'écria-t-elle.

— Moi aussi, j'ai des millions ; mais que sont maintenant les richesses pour nous ? Ah ! j'ai ma vie, je puis te l'offrir, prends-la.

III. L'agonie

— Oh ! ton amour, Raphaël, ton amour vaut le monde. Comment, ta pensée est à moi ? mais je suis la plus heureuse des heureuses.
365 [...] Il serait fastidieux[1] de consigner[2] fidèlement ces adorables bavardages de l'amour auxquels l'accent, le regard, un geste intraduisible donnent seuls du prix. Valentin reconduisit Pauline jusque chez elle, et revint ayant au cœur autant de plaisir que l'homme peut en ressentir et en porter ici-bas. Quand il fut assis dans son
370 fauteuil, près de son feu, pensant à la soudaine et complète réalisation de toutes ses espérances, une idée froide lui traversa l'âme comme l'acier d'un poignard perce une poitrine, il regarda la peau de chagrin, elle s'était légèrement rétrécie. Il prononça le grand juron français, sans y mettre les jésuitiques[3] réticences[4] de l'ab-
375 besse des Andouillettes[5], pencha la tête sur son fauteuil et resta sans mouvement les yeux arrêtés sur une patère[6], sans la voir.
— Grand Dieu ! s'écria-t-il. Quoi ! tous mes désirs, tous ! Pauvre Pauline ! Il prit un compas, mesura ce que la matinée lui avait coûté d'existence. Je n'en ai pas pour deux mois, dit-il.
380 Une sueur glacée sortit de ses pores, tout à coup il obéit à un inexprimable mouvement de rage, et saisit la peau de chagrin en s'écriant : « Je suis bien bête ! » Il sortit, courut, traversa les jardins et jeta le talisman au fond d'un puits : « Vogue la galère[7], dit-il. Au diable toutes ces sottises ! » [...]

---

1. **Fastidieux :** désigne un travail long et difficile ; laborieux.
2. **Consigner :** mentionner, citer.
3. **Jésuitiques :** qui développent une argumentation habile mais discutable sur le plan de la logique et de la morale ; hypocrites.
4. **Réticences :** réserves.
5. **Abbesse des Andouillettes :** référence à un passage célèbre de « l'histoire de l'abbesse des Andouillettes » dans *Tristram Shandy* de Laurence Sterne (1759-1767). L'abbesse, dans une situation difficile, doit prononcer des mots obscènes (« bougre », « foutre »). Pour éviter de commettre un péché, elle dit « bou » et « fou » tandis que la novice qui l'accompagne termine avec « gre » et « tre ».
6. **Patère :** ornement de cuivre doré dont on se sert pour soutenir les draperies ou suspendre divers objets.
7. **Vogue la galère :** advienne que pourra, arrive ce qui arrivera.

Clefs d'analyse

Action et personnages

1. Qui est Jonathas ? Quel rôle joue-t-il désormais dans la vie de Raphaël et comment s'acquitte-t-il de sa tâche ?
2. Relevez quelques termes et expressions montrant l'affection véritable que porte le serviteur à son maître. Comment expliquez-vous cet attachement ?
3. Justifiez l'expression de Jonathas confiant à M. Porriquet que Raphaël mène « une drôle de vie ».
4. Le serviteur comprend-il la conduite de Raphaël ? Connaît-il l'existence de la peau de chagrin ? Citez une phrase à l'appui de votre réponse.
5. À quelle activité Raphaël consacre-t-il l'essentiel de son temps ? Quelle distraction s'accorde-t-il, le soir, après dîner ?
6. Relevez et commentez les termes qu'utilise Jonathas pour signifier tous les devoirs auxquels il est soumis par son maître (ex. : « je dois »).
7. Que fait apparaître le portrait de Raphaël dressé à partir du point de vue du professeur Porriquet ? Relevez les traits de réalisme.
8. Comment se passe l'entrevue de Raphaël avec son ancien professeur ? Eexpliquez le désespoir du jeune marquis.
9. Quel vœu mortel émet Raphaël après sa rencontre avec Pauline à l'Opéra ? Pourquoi court-il un tel risque ?
10. Comparez « la Pauline de l'hôtel Saint-Quentin » et la « Pauline comtesse et deux fois millionnaire ».
11. Qu'espère Raphaël en jetant la Peau dans un puits ? Pensez-vous qu'il est définitivement débarrassé du talisman ?

Langue

1. Quelle est la signification exacte du terme « agonie » qui donne son titre à la troisième partie du roman ? Que laisse-t-il entrevoir au lecteur ?
2. Comparez les termes utilisés pour nommer le héros dans les premières lignes du texte : « M. le marquis Raphaël de Valentin », « M. Raphaël », « M. le marquis ».

3. Que suggère l'emploi répété du mot « même » dans les explications de Jonathas au professeur Porriquet ?

4. En quoi consistent les « adorables bavardages » (l. 365-366) des deux amants à l'hôtel Saint-Quentin ?

Genre ou thèmes

1. Relevez quelques preuves de la richesse de Raphaël. Comment le confort matériel a-t-il changé sa vie ?

2. À quoi tient le romantisme de la rencontre de Raphaël et de Pauline au théâtre ?

Écriture

1. M. Porriquet se flatte d'avoir formé l'esprit de Raphaël. Selon vous, quel est le rôle d'un enseignant ? Citez en exemple un professeur qui vous a particulièrement marqué.

2. Foedora contemple Pauline au théâtre. En vous servant des éléments du récit, dressez le portrait de la jeune fille à partir du regard jaloux de « la femme sans cœur ».

Pour aller plus loin

1. Qu'appelle-t-on « hôtel particulier » au XIXe siècle ? À qui appartiennent ces demeures et où les trouve-t-on en grand nombre à Paris ? Aidez-vous d'Internet.

✳ À retenir

La rencontre du jeune marquis avec Pauline reflète la sensibilité romantique de Balzac. Le mystère sur l'identité de la jeune femme, les deux amants qui s'ignorent avant de se retrouver, le cadre artistique du théâtre, l'émotion vraie des héros, l'expression des sentiments, le bonheur soudain de Raphaël rappelé aux jours heureux d'autrefois, tout cela appartient au répertoire du romantisme.

Clefs d'analyse

Épisode 7

Vers la fin du mois de février, époque à laquelle d'assez beaux jours firent croire aux joies du printemps, un matin, Pauline et Raphaël déjeunaient ensemble dans une petite serre, espèce de salon rempli de fleurs, et de plain-pied avec[1] le jardin. Le doux et pâle soleil de l'hiver, dont les rayons se brisaient à travers des arbustes rares, tiédissait alors la température. Les yeux étaient égayés par les vigoureux contrastes des divers feuillages, par les couleurs des touffes fleuries et par toutes les fantaisies de la lumière et de l'ombre. Quand tout Paris se chauffait encore devant les tristes foyers, les deux jeunes époux riaient sous un berceau de camélias, de lilas, de bruyères. Leurs têtes joyeuses s'élevaient au-dessus des narcisses, des muguets et des roses du Bengale. Dans cette serre voluptueuse et riche, les pieds foulaient une natte[2] africaine colorée comme un tapis. Les parois tendues en coutil[3] vert n'offraient pas la moindre trace d'humidité. L'ameublement était de bois en apparence grossier, mais dont l'écorce polie[4] brillait de propreté. Un jeune chat accroupi sur la table où l'avait attiré l'odeur du lait se laissait barbouiller de café par Pauline ; elle folâtrait[5] avec lui, défendait la crème qu'elle lui permettait à peine de flairer afin d'exercer sa patience et d'entretenir le combat ; elle éclatait de rire à chacune de ses grimaces, et débitait mille plaisanteries pour empêcher Raphaël de lire le journal, qui, dix fois déjà, lui était tombé des mains. Il abondait dans cette scène matinale un bonheur, inexprimable comme tout ce qui est naturel et vrai. Raphaël feignait toujours de lire sa feuille, et contemplait à la dérobée[6] Pauline aux prises avec le chat, sa Pauline enveloppée d'un long peignoir qui la lui voilait imparfaitement, sa Pauline les cheveux en désordre et montrant un petit pied blanc veiné

---

1. **De plain-pied avec :** au même niveau que.
2. **Natte :** tissu artisanal, de paille ou de jonc, fait de trois brins ou cordons entrelacés et servant à couvrir les sols ou les murs.
3. **Coutil :** toile serrée et lissée.
4. **Polie :** lissée.
5. **Folâtrait :** verbe « folâtrer », s'amuser avec joie et légèreté.
6. **À la dérobée :** sans que Pauline le voie.

III. L'agonie

de bleu dans une pantoufle de velours noir. Charmante à voir en
déshabillé[1], délicieuse comme les fantastiques figures de Westhall[2],
elle semblait être tout à la fois jeune fille et femme ; peut-être plus
jeune fille que femme, elle jouissait d'une félicité[3] sans mélange,
et ne connaissait de l'amour que ses premières joies. Au moment
où, tout à fait absorbé par sa douce rêverie, Raphaël avait oublié
son journal, Pauline le saisit, le chiffonna, en fit une boule, le lança
dans le jardin, et le chat courut après la politique qui tournait
comme toujours sur elle-même. Quand Raphaël, distrait par cette
scène enfantine, voulut continuer à lire et fit le geste de lever la
feuille qu'il n'avait plus, éclatèrent des rires francs, joyeux, renais-
sant d'eux-mêmes comme les chants d'un oiseau.

— Je suis jalouse du journal, dit-elle en essuyant les larmes que
son rire d'enfant avait fait couler. N'est-ce pas une félonie[4], reprit-
elle redevenant femme tout à coup, que de lire des proclamations
russes[5] en ma présence, et de préférer la prose de l'empereur
Nicolas à des paroles, à des regards d'amour ?

— Je ne lisais pas, mon ange aimé, je te regardais.

En ce moment le pas lourd du jardinier dont les souliers ferrés
faisaient crier le sable des allées retentit près de la serre.

— Excusez, monsieur le marquis, si je vous interromps ainsi
que Madame, mais je vous apporte une curiosité comme je n'en
ai jamais vu. En tirant tout à l'heure, sous votre respect[6], un seau
d'eau, j'ai amené cette singulière plante marine ! La voilà ! Faut,
tout de même, que ce soit bien accoutumé à l'eau, car ce n'était
point mouillé, ni humide. C'était sec comme du bois, et point
gras du tout. Comme monsieur le marquis est plus savant que
moi certainement, j'ai pensé qu'il fallait la lui apporter, et que ça
l'intéresserait.

---

1. **Déshabillé :** peignoir léger et très féminin.
2. **Westhall :** fameux graveur et illustrateur d'ouvrages littéraires (1765-1836).
3. **Félicité :** bonheur.
4. **Félonie :** trahison, action basse.
5. **Proclamations russes :** allusion aux interventions du tzar Nicolas 1er auprès des polonais qui s'étaient rebellés le 29 novembre 1830.
6. **Sous votre respect :** sans vouloir vous offenser (« sauf votre respect »).

Et le jardinier montrait à Raphaël l'inexorable[1] peau de chagrin qui n'avait pas six pouces carrés[2] de superficie.

60 — Merci, Vanière, dit Raphaël. Cette chose est très curieuse.

— Qu'as-tu, mon ange ? tu pâlis ! s'écria Pauline.

— Laissez-nous, Vanière.

— Ta voix m'effraie, reprit la jeune fille, elle est singulièrement altérée[3]. Qu'as-tu ? Que te sens-tu ? Où as-tu mal ? Tu as mal ! Un 65 médecin ! cria-t-elle. Jonathas, au secours !

— Ma Pauline, tais-toi, répondit Raphaël qui recouvra son sang-froid. Sortons. Il y a près de moi une fleur dont le parfum m'incommode. Peut-être est-ce cette verveine ?

Pauline s'élança sur l'innocent arbuste, le saisit par la tige, et le 70 jeta dans le jardin.

— Oh ! ange, s'écria-t-elle en serrant Raphaël par une étreinte aussi forte que leur amour et en lui apportant avec une langoureuse coquetterie ses lèvres vermeilles[4] à baiser, en te voyant pâlir, j'ai compris que je ne te survivrais pas : ta vie est ma vie. Mon 75 Raphaël, passe-moi ta main sur le dos ? J'y sens encore *la petite mort*, j'y ai froid. Tes lèvres sont brûlantes. Et ta main ?... elle est glacée, ajouta-t-elle.

— Folle ! s'écria Raphaël.

— Pourquoi cette larme ? dit-elle. Laisse-la-moi boire.

80 — Oh ! Pauline, Pauline, tu m'aimes trop.

— Il se passe en toi quelque chose d'extraordinaire, Raphaël ? Sois vrai, je saurai bientôt ton secret. Donne-moi cela, dit-elle en prenant la peau de chagrin.

— Tu es mon bourreau, cria le jeune homme en jetant un regard 85 d'horreur sur le talisman.

— Quel changement de voix ! répondit Pauline qui laissa tomber le fatal symbole du destin.

— M'aimes-tu ? reprit-il.

— Si je t'aime, est-ce une question ?

90 — Eh bien, laisse-moi, va-t'en !

---

1. **Inexorable :** inflexible, qu'on ne peut éviter.
2. **Six pouces carrés :** un demi-décimètre carré.
3. **Altérée :** troublée, bouleversée.
4. **Vermeilles :** rouges.

III. L'agonie

La pauvre petite sortit.

Raphaël trouve un dernier espoir dans la science. Il consulte un zoologiste[1], un physicien[2] et un chimiste[3]. Sans succès. On tente d'étendre la Peau en utilisant les techniques les plus éprouvées[4] ; 95 *on essaie ensuite de l'entamer et de la briser : rien à faire. La Peau résiste à tous les traitements.*

Épuisé et désespéré, Raphaël « remit la peau de chagrin dans le cadre où elle avait été naguère[5] enfermée, et après avoir décrit par une ligne d'encre rouge le contour actuel du talisman, il s'assit dans 100 *son fauteuil ». Mais Pauline, avec la complicité de Jonathas, s'est introduite dans la chambre à coucher de son bien-aimé : les deux jeunes gens passent ensemble une merveilleuse nuit d'amour.*

— Pourquoi t'es-tu réveillée ? dit Raphaël. J'avais tant de plaisir à te voir endormie, j'en pleurais.

105 — Et moi aussi, répondit-elle, j'ai pleuré cette nuit en te contemplant dans ton repos, mais non pas de joie. Écoute, mon Raphaël, écoute-moi ? Lorsque tu dors, ta respiration n'est pas franche[6], il y a dans ta poitrine quelque chose qui résonne, et qui m'a fait peur. Tu as pendant ton sommeil une petite toux sèche, absolu-

110 ment semblable à celle de mon père qui meurt d'une phtisie[7]. J'ai reconnu dans le bruit de tes poumons quelques-uns des effets bizarres de cette maladie. Puis tu avais la fièvre, j'en suis sûre, ta main était moite et brûlante. Chéri ! tu es jeune, dit-elle en frissonnant, tu pourrais te guérir encore si, par malheur... Mais non,

115 s'écria-t-elle joyeusement, il n'y a pas de malheur, la maladie se gagne, disent les médecins.

De ses deux bras, elle enlaça Raphaël, saisit sa respiration par un de ces baisers dans lesquels l'âme arrive :

---

1. **Zoologiste :** savant qui étudie la zoologie (science des animaux).
2. **Physicien :** médecin.
3. **Chimiste :** spécialiste de la chimie, science qui s'intéresse à la préparation, aux propriétés et aux transformations d'un corps.
4. **Éprouvées :** qui ont fait leurs preuves, confirmées.
5. **Naguère :** autrefois.
6. **Franche :** saine, régulière.
7. **Phtisie :** tuberculose.

120 — Je ne désire pas vivre vieille, dit-elle. Mourons jeunes tous deux, et allons dans le ciel les mains pleines de fleurs.

— Ces projets-là se font toujours quand nous sommes en bonne santé, répondit Raphaël en plongeant ses mains dans la chevelure de Pauline.

125 Mais il eut alors un horrible accès de toux, de ces toux graves et sonores qui semblent sortir d'un cercueil, qui font pâlir le front des malades et les laissent tremblants, tout en sueur, après avoir remué leurs nerfs, ébranlé leurs côtes, fatigué leur moelle épi- nière, et imprimé je ne sais quelle lourdeur à leurs veines. Raphaël 130 abattu, pâle, se coucha lentement, affaissé comme un homme dont toute la force s'est dissipée dans un dernier effort. Pauline le regarda d'un œil fixe, agrandi par la peur, et resta immobile, blanche, silencieuse.

— Ne faisons plus de folies, mon ange, dit-elle en voulant cacher 135 à Raphaël les horribles pressentiments qui l'agitaient. Elle se voila la figure de ses mains, car elle apercevait le hideux squelette de la MORT.

La tête de Raphaël était devenue livide et creuse comme un crâne arraché aux profondeurs d'un cimetière pour servir aux 140 études de quelque savant. Pauline se souvenait de l'exclamation échappée la veille à Valentin, et se dit à elle-même : Oui, il y a des abîmes[1] que l'amour ne peut pas traverser, mais il doit s'y ensevelir.

Quelques jours après, par une matinée de mars, Raphaël réunit *autour de lui les quatre plus grands médecins de l'époque. Après* 145 *de prétentieux discours de ses collègues, le jeune médecin Bianchon* *adopte une politique de bon sens en conseillant au malade de « vivre* *sagement », de « se confier à la nature » en partant se reposer en* *Savoie. Mais, à Aix-les-Bains[2], Raphaël se fait des ennemis : on* *n'aime pas sa personnalité singulière et hautaine...*

---

1. **Abîmes :** gouffres.
2. **Aix-les-Bains :** ville située en Savoie, aux pieds des Alpes et du lac du Bourget, où jaillissent des sources naturelles d'eau chaude favorables aux malades. Les gens de la bonne société y font des « cures » d'eau minérale destinées à leur rendre la santé.

III. L'agonie

150 Un mois après, au retour de la promenade et par une belle soirée d'été, quelques-unes des personnes venues aux eaux d'Aix se trouvèrent réunies dans les salons du Cercle[1]. Assis près d'une fenêtre et tournant le dos à l'assemblée, Raphaël resta longtemps seul, plongé dans une de ces rêveries machinales durant lesquelles

155 nos pensées naissent, s'enchaînent, s'évanouissent sans revêtir de formes, et passent en nous comme de légers nuages à peine colorés. La tristesse est alors douce, la joie est vaporeuse, et l'âme est presque endormie. Se laissant aller à cette vie sensuelle[2], Valentin se baignait dans la tiède atmosphère du soir en savourant l'air pur

160 et parfumé des montagnes, heureux de ne sentir aucune douleur et d'avoir enfin réduit au silence sa menaçante peau de chagrin. Au moment où les teintes rouges du couchant s'éteignirent sur les cimes, la température fraîchit, il quitta sa place en poussant la fenêtre.

165 — Monsieur, lui dit une vieille dame, auriez-vous la complaisance de ne pas fermer la croisée[3] ? Nous étouffons.

Cette phrase déchira le tympan de Raphaël par des dissonances[4] d'une aigreur singulière ; elle fut comme le mot que lâche imprudemment un homme à l'amitié duquel nous voulions croire, et

170 qui détruit quelque douce illusion de sentiment en trahissant un abîme d'égoïsme. Le marquis jeta sur la vieille femme le froid regard d'un diplomate impassible[5], il appela un valet, et lui dit sèchement quand il arriva :

— Ouvrez cette fenêtre !

175 À ces mots, une surprise insolite[6] éclata sur tous les visages. L'assemblée se mit à chuchoter, en regardant le malade d'un air plus ou moins expressif, comme s'il eût commis quelque grave impertinence. Raphaël, qui n'avait pas entièrement dépouillé sa primitive timidité de jeune homme, eut un mouvement de honte ;

---

1. **Cercle :** lieu où se réunit la communauté des curistes, après les soins, pour se distraire ensemble autour d'activités communes.
2. **Sensuelle :** des sens.
3. **Croisée :** fenêtre.
4. **Dissonances :** ruptures d'harmonie.
5. **Impassible :** qui ne montre ni ses émotions, ni ses pensées ; imperturbable.
6. **Insolite :** inhabituelle, curieuse.

180 mais il secoua sa torpeur[1], reprit son énergie et se demanda compte à lui-même de cette scène étrange. Soudain un rapide mouvement anima son cerveau : le passé lui apparut dans une vision distincte où les causes du sentiment qu'il inspirait saillirent en relief comme les veines d'un cadavre dont, par quelque savante

185 injection, les naturalistes[2] colorent les moindres ramifications[3] ; il se reconnut lui-même dans ce tableau fugitif, y suivit son existence, jour par jour, pensée à pensée ; il s'y vit, non sans surprise, sombre et distrait au sein de ce monde rieur, toujours songeant à sa destinée, préoccupé de son mal, paraissant dédaigner la causerie

190 la plus insignifiante, fuyant ces intimités éphémères[4] qui s'établissent promptement entre les voyageurs parce qu'ils comptent sans doute ne plus se rencontrer ; peu soucieux des autres, et semblable enfin à ces rochers insensibles aux caresses comme à la furie des vagues. Puis, par un rare privilège d'intuition[5], il lut

195 dans toutes les âmes : en découvrant sous la lueur d'un flambeau le crâne jaune, le profil sardonique[6] d'un vieillard, il se rappela de lui avoir gagné son argent sans lui avoir proposé de prendre sa revanche[7] ; plus loin il aperçut une jolie femme dont les agaceries[8] l'avaient trouvé froid ; chaque visage lui reprochait un de ces torts

200 inexplicables en apparence, mais dont le crime gît toujours dans une invisible blessure faite à l'amour-propre[9]. Il avait involontairement froissé[10] toutes les petites vanités[11] qui gravitaient[12] autour de lui. Les convives de ses fêtes ou ceux auxquels il avait offert ses chevaux s'étaient irrités de son luxe ; surpris de leur ingrati-

---

1. **Torpeur :** engourdissement.
2. **Naturalistes :** spécialistes des sciences naturelles.
3. **Ramifications :** itinéraires suivant lesquels se divisent les artères, les veines, les nerfs.
4. **Intimités éphémères :** amitiés qui ne durent pas.
5. **Intuition :** connaissance soudaine et spontanée d'un fait.
6. **Sardonique :** satanique, diabolique.
7. **Prendre sa revanche :** les règles de courtoisie obligent un joueur qui a gagné à proposer une autre partie à son adversaire malheureux.
8. **Agaceries :** petites provocations dans l'intention de séduire.
9. **L'amour-propre :** sentiment qu'on peut avoir de sa propre dignité ; fierté.
10. **Froissé :** blessé, atteint.
11. **Vanités :** l'amour-propre des autres curistes.
12. **Gravitaient :** évoluaient.

205 tude, il leur avait épargné ces espèces d'humiliations : dès lors ils
s'étaient crus méprisés et l'accusaient d'aristocratie. En sondant
ainsi les cœurs, il put en déchiffrer les pensées les plus secrètes ;
il eut horreur de la société, de sa politesse, de son vernis. Riche
et d'un esprit supérieur, il était envié, haï ; son silence trompait la
210 curiosité, sa modestie semblait de la hauteur à ces gens mesquins
et superficiels. Il devina le crime latent[1], irrémissible[2], dont il était
coupable envers eux : il échappait à la juridiction[3] de leur médio-
crité. [...]

Vers la fin de la soirée, il se promena dans le salon de jeu, en
215 allant de la porte d'entrée à celle du billard, où il jetait de temps
à autre un coup d'œil aux jeunes gens qui y faisaient une partie.
Après quelques tours, il s'entendit nommer par eux. Quoiqu'ils
parlassent à voix basse, Raphaël devina facilement qu'il était
devenu l'objet d'un débat, et finit par saisir quelques phrases dites
220 à haute voix.
  — Toi ?
  — Oui, moi !
  — Je t'en défie !
  — Parions ?
225   — Oh ! il ira.
Au moment où Valentin, curieux de connaître le sujet du pari,
s'arrêta pour écouter attentivement la conversation, un jeune
homme grand et fort, de bonne mine, mais ayant le regard fixe
et impertinent des gens appuyés sur quelque pouvoir matériel,
230 sortit du billard, et s'adressant à lui : — Monsieur, dit-il d'un ton
calme, je me suis chargé de vous apprendre une chose que vous
semblez ignorer : votre figure et votre personne déplaisent ici à
tout le monde, et à moi en particulier ; vous êtes trop poli pour ne
pas vous sacrifier au bien général, et je vous prie de ne plus vous
235 présenter au Cercle.

---

1. **Latent :** qui n'est pas encore apparent ; sous-jacent.
2. **Irrémissible :** impardonnable.
3. **Juridiction :** pouvoir de juger.

— Monsieur, cette plaisanterie, déjà faite sous l'empire dans plusieurs garnisons, est devenue aujourd'hui de fort mauvais ton, répondit froidement Raphaël.

— Je ne plaisante pas, reprit le jeune homme, je vous le répète : votre santé souffrirait beaucoup de votre séjour ici ; la chaleur, les lumières, l'air du salon, la compagnie nuisent à votre maladie.

— Où avez-vous étudié la médecine ? demanda Raphaël.

— Monsieur, j'ai été reçu bachelier au tir de Lepage à Paris[1], et docteur chez Lozès, le roi du fleuret[2].

— Il vous reste un dernier grade à prendre, répliqua Valentin, lisez le Code de la politesse, vous serez un parfait gentilhomme.

En ce moment les jeunes gens, souriants ou silencieux, sortirent du billard. Les autres joueurs, devenus attentifs, quittèrent leurs cartes pour écouter une querelle qui réjouissait leurs passions. Seul au milieu de ce monde ennemi, Raphaël tâcha de conserver son sang-froid et de ne pas se donner le moindre tort ; mais son antagoniste[3] s'étant permis un sarcasme[4] où l'outrage[5] s'enveloppait dans une forme éminemment[6] incisive[7] et spirituelle[8], il lui répondit gravement : — Monsieur, il n'est plus permis aujourd'hui de donner un soufflet[9] à un homme, mais je ne sais de quel mot flétrir une conduite aussi lâche que l'est la vôtre.

— Assez ! assez ! vous vous expliquerez demain, dirent plusieurs jeunes gens qui se jetèrent entre les deux champions.

Raphaël sortit du salon, passant pour l'offenseur, ayant accepté un rendez-vous près du château de Bordeau, dans une petite prairie en pente, non loin d'une route nouvellement percée par où le vainqueur pouvait gagner Lyon. Raphaël devait nécessairement ou garder le lit ou quitter les eaux d'Aix. La société triomphait. Le len-

---

1. **Bachelier au tir de Lepage à Paris :** le magasin Lepage était une des meilleures armureries de Paris, doublée d'un stand de tir.
2. **Fleuret :** épée de l'escrimeur.
3. **Antagoniste :** adversaire.
4. **Sarcasme :** attaque verbale pleine d'ironie.
5. **Outrage :** insulte.
6. **Éminemment :** hautement.
7. **Incisive :** mordante, blessante.
8. **Spirituelle :** piquante, brillante.
9. **Soufflet :** gifle par laquelle un homme insulté provoque son adversaire en duel.

III. L'agonie

demain, sur les huit heures du matin, l'adversaire de Raphaël, suivi
de deux témoins et d'un chirurgien, arriva le premier sur le terrain.

— Nous serons très bien ici, il fait un temps superbe pour se
battre, s'écria-t-il gaiement en regardant la voûte bleue du ciel, les
eaux du lac et les rochers sans la moindre arrière-pensée de doute
ni de deuil. Si je le touche à l'épaule, dit-il en continuant, le met-
trai-je bien au lit pour un mois, hein ! docteur ?

— Au moins, répondit le chirurgien. Mais laissez ce petit saule
tranquille ; autrement vous vous fatigueriez la main, et ne seriez
plus maître de votre coup. Vous pourriez tuer votre homme au lieu
de le blesser.

Le bruit d'une voiture se fit entendre.

— Le voici, dirent les témoins qui bientôt aperçurent dans la
route une calèche de voyage attelée de quatre chevaux et menée
par deux postillons[1].

— Quel singulier genre ! s'écria l'adversaire de Valentin, il vient
se faire tuer en poste.

À un duel comme au jeu, les plus légers incidents influent sur
l'imagination des acteurs fortement intéressés au succès d'un
coup ; aussi le jeune homme attendit-il avec une sorte d'inquiétude l'arrivée de cette voiture qui resta sur la route. Le vieux
Jonathas en descendit lourdement le premier pour aider Raphaël
à sortir ; il le soutint de ses bras débiles[2], en déployant pour lui
les soins minutieux qu'un amant prodigue à sa maîtresse. Tous
deux se perdirent dans les sentiers qui séparaient la grande route
de l'endroit désigné pour le combat, et ne reparurent que longtemps après : ils allaient lentement. Les quatre spectateurs de cette
scène singulière éprouvèrent une émotion profonde à l'aspect de
Valentin appuyé sur le bras de son serviteur : pâle et défait, il marchait en goutteux[3], baissait la tête et ne disait mot. Vous eussiez dit
de deux vieillards également détruits, l'un par le temps, l'autre par
la pensée, le premier avait son âge écrit sur ses cheveux blancs, le
jeune n'avait plus d'âge.

---

1. **Postillons :** hommes attachés au service de la poste, et qui conduisent les voyageurs.
2. **Débiles :** faibles.
3. **Goutteux :** qui souffre de la goutte ; voir note 4, p. 80.

— Monsieur, je n'ai pas dormi, dit Raphaël à son adversaire. Cette parole glaciale et le regard terrible qui l'accompagna firent tressaillir le véritable provocateur, il eut la conscience de son tort
300 et une honte secrète de sa conduite. Il y avait dans l'attitude, dans le son de voix et le geste de Raphaël quelque chose d'étrange. Le marquis fit une pause, et chacun imita son silence. L'inquiétude et l'attention étaient au comble. — Il est encore temps, reprit-il, de me donner une légère satisfaction ; mais donnez-la-moi, monsieur,
305 sinon vous allez mourir. Vous comptez encore en ce moment sur votre habileté, sans reculer à l'idée d'un combat où vous croyez avoir tout l'avantage. Eh bien ! monsieur, je suis généreux, je vous préviens de ma supériorité. Je possède une terrible puissance. Pour anéantir votre adresse, pour voiler vos regards, faire trembler vos
310 mains et palpiter votre cœur, pour vous tuer même, il me suffit de le désirer. Je ne veux pas être obligé d'exercer mon pouvoir, il me coûte trop cher d'en user. Vous ne serez pas le seul à mourir. Si donc vous vous refusez à me présenter des excuses, votre balle ira dans l'eau de cette cascade malgré votre habitude de l'assassinat[1],
315 et la mienne droit à votre cœur sans que je le vise.

En ce moment des voix confuses interrompirent Raphaël. En prononçant ces paroles, le marquis avait constamment dirigé sur son adversaire l'insupportable clarté de son regard fixe, il s'était redressé en montrant un visage impassible, semblable à celui d'un
320 fou méchant.

— Fais-le taire, avait dit le jeune homme à son témoin, sa voix me tord les entrailles !

— Monsieur, cessez. Vos discours sont inutiles, crièrent à Raphaël le chirurgien et les témoins.

325 — Messieurs, je remplis un devoir. Ce jeune homme a-t-il des dispositions à prendre ?

— Assez, assez !

Le marquis resta debout, immobile, sans perdre un instant de vue son adversaire qui, dominé par une puissance presque
330 magique, était comme un oiseau devant un serpent : contraint de subir ce regard homicide, il le fuyait, il revenait sans cesse.

---

1. **Votre habitude de l'assassinat :** l'adversaire de Raphaël est excellent au tir.

III. L'agonie

— Donne-moi de l'eau, j'ai soif, dit-il à son témoin.

— As-tu peur ?

— Oui, répondit-il. L'œil de cet homme est brûlant et me fascine.

335 — Veux-tu lui faire des excuses ?

— Il n'est plus temps.

Les deux adversaires furent placés à quinze pas l'un de l'autre. Ils avaient chacun près d'eux une paire de pistolets, et, suivant le programme de cette cérémonie, ils devaient tirer deux coups à 340 volonté, mais après le signal donné par les témoins.

— Que fais-tu, Charles ? cria le jeune homme qui servait de second[1] à l'adversaire de Raphaël, tu prends la balle avant la poudre.

— Je suis mort, répondit-il en murmurant, vous m'avez mis en 345 face du soleil.

— Il est derrière vous, lui dit Valentin d'une voix grave et solennelle, en chargeant son pistolet lentement, sans s'inquiéter ni du signal déjà donné, ni du soin avec lequel l'ajustait son adversaire. Cette sécurité surnaturelle avait quelque chose de terrible 350 qui saisit[2] même les deux postillons amenés là par une curiosité cruelle. Jouant avec son pouvoir, ou voulant l'éprouver, Raphaël parlait à Jonathas et le regardait au moment où il essuya le feu de son ennemi. La balle de Charles alla briser une branche de saule, et ricocha[3] sur l'eau. En tirant au hasard, Raphaël atteignit son 355 adversaire au cœur, et, sans faire attention à la chute de ce jeune homme, il chercha promptement la peau de chagrin pour voir ce que lui coûtait une vie humaine. Le talisman n'était plus grand que comme une petite feuille de chêne.

---

1. **Second :** second témoin.
2. **Saisit :** troubla vivement.
3. **Ricocha :** rebondit.

Clefs d'analyse

Action et personnages

1. Combien de temps sépare la visite de Porriquet du déjeuner que partagent Pauline et Raphaël ? Aidez-vous des dates données au début des épisodes 6 et 7.

2. Relevez une expression montrant que Raphaël considère désormais Pauline à la fois comme une jeune fille innocente et comme une jeune femme sensuelle.

3. En vous fondant sur des éléments précis, justifiez la phrase du narrateur « Il abondait dans cette scène matinale un bonheur inexprimable comme tout ce qui est naturel et vrai » (l. 23-24).

4. Que signale l'arrivée du jardinier dans cette scène de parfait bonheur ? Quels signes physiques révèlent l'émotion de Raphaël ? Pourquoi la peau de chagrin a-t-elle autant rétréci ?

5. Quels sont les symptômes de la maladie de Raphaël ? Quel résultat donne la consultation des meilleurs médecins ?

6. Pourquoi Pauline ne comprend-elle pas la maladie de Raphaël ? Qu'entrevoit-elle ?

7. Pauline pourra-t-elle vivre sans son bien-aimé ? Citez une phrase particulièrement dramatique.

8. Comment se sent Raphaël durant les premiers jours de son séjour à Aix ? Citez le texte.

9. Quel comportement adopte-t-il avec les gens autour de lui ? Quels sentiments inspire-t-il ? Commentez l'épisode de la fenêtre et celui de la salle de billard.

10. Qui arrive en premier sur le lieu du duel ? Que suggère cette promptitude ?

11. Décrivez l'atmosphère qui règne sur le terrain après l'arrivée de Raphaël. Quel avertissement Raphaël donne-t-il à son adversaire avant de commencer le tir ?

12. Pourquoi le provocateur ne s'excuse-t-il pas ? Quel prix paie-t-il pour son insolence ? Que coûte ce duel à Raphaël ?

Clefs d'analyse

Langue

1. Que suggère le narrateur dans l'expression « sa Pauline » répétée deux fois ?
2. Le terme « une curiosité » qu'applique le jardinier à la peau de chagrin récupérée dans le puits vous semble-t-il approprié ? Expliquez-vous.

Genre ou thèmes

1. Étudiez le contraste entre la scène du déjeuner et la scène où réapparaît la peau de chagrin.
2. Quel sens faut-il donner à la phrase « La société triomphait » (l. 263), après la provocation en duel des deux adversaires ?
3. À quoi tient la tension dramatique dans la scène du duel ? Observez le cadre, l'enchaînement des faits, l'attitude et les paroles des personnages.

Écriture

1. Pauline apprend par Jonathas où se trouve Raphaël. Elle lui écrit une lettre dans laquelle elle essaie de comprendre la conduite de son bien-aimé et lui exprime ses sentiments.

Pour aller plus loin

1. Quelle est la fonction du duel dans la société d'autrefois ? Qui en a interdit l'usage ? En quelle année ?

✳ À retenir

Dans une scène dramatique, l'enchaînement des faits et des paroles pousse le suspense à son comble. L'action (une crise, un conflit) se déroule avec une gravité ou une violence extrême ; les sentiments sont intenses ; les personnages, au comble de l'émotion, s'affrontent. Ici, le duel met face à face deux hommes dont l'un, doué d'un pouvoir supérieur, est sûr d'anéantir son adversaire qui pressent l'issue fatale de la rencontre sans en comprendre le mécanisme implacable.

Épisode 8

Raphaël part se reposer au Mont-Dore, en Auvergne[1] : il s'installe chez des paysans.

Valentin goûta les plaisirs d'une seconde enfance durant les premiers moments de son séjour au milieu de ce riant paysage. Il y allait dénichant des riens, entreprenant mille choses sans en achever aucune, oubliant le lendemain les projets de la veille, insouciant ; il fut heureux, il se crut sauvé. Un matin, il était resté par hasard au lit jusqu'à midi, plongé dans cette rêverie mêlée de veille et de sommeil, qui prête aux réalités les apparences de la fantaisie et donne aux chimères[2] le relief de l'existence, quand tout à coup, sans savoir d'abord s'il ne continuait pas un rêve, il entendit, pour la première fois, le bulletin de sa santé donné par son hôtesse à Jonathas, venu, comme chaque jour, le lui demander. L'Auvergnate croyait sans doute Valentin encore endormi ; et n'avait pas baissé le diapason[3] de sa voix montagnarde.

– Ça ne va pas mieux, ça ne va pas pis[4], disait-elle. Il a encore toussé pendant toute cette nuit à rendre l'âme[5]. Il tousse, il crache, ce cher monsieur, que c'est une pitié. Je me demandons, moi et mon homme[6], où il prend la force de tousser comme ça. Ca fend le cœur. Quelle damnée[7] maladie qu'il a ! C'est qu'il n'est point bien du tout ! J'avons toujours peur de le trouver crevé dans son lit, un matin. Il est vraiment pâle comme un Jésus de cire ! Dame, je le vois quand il se lève, eh ben, son pauvre corps est maigre comme un cent de clous[8]. Et il ne sent déjà pas bon tout de même ! Ca lui est égal, il se consume[9] à courir comme s'il avait de la santé à

---

1. **Auvergne :** au centre de la France, dans le Massif central.
2. **Chimères :** idéaux qu'on poursuit dans l'imagination.
3. **Diapason :** niveau.
4. **Pis :** pire.
5. **Rendre l'âme :** mourir.
6. **Homme :** mari.
7. **Damnée :** épouvantable, mortelle.
8. **Comme un cent de clous :** extrêmement maigre (on dit aujourd'hui « maigre comme un clou »).
9. **Se consume :** s'épuise.

vendre. Il a bien du courage tout de même de ne pas se plaindre. Mais, vraiment, il serait mieux en terre qu'en pré, car il souffre la passion de Dieu[1] ! Je ne le désirons pas, monsieur, ce n'est point notre intérêt. Mais il ne nous donnerait pas ce qu'il nous donne
30 que je l'aimerions tout de même : ce n'est point l'intérêt qui nous pousse. Ah ! mon Dieu ! reprit-elle, il n'y a que les Parisiens pour avoir de ces chiennes de maladies-là ! Où qui prennent ça, donc ? Pauvre jeune homme, il est sûr qu'il ne peut guère ben finir. C'te fièvre, voyez-vous, ça vous le mine, ça le creuse, ça le ruine ! Il ne
35 s'en doute point. Il ne le sait point, monsieur. Il ne s'aperçoit de rien. Faut pas pleurer pour ça, monsieur Jonathas ! il faut se dire qu'il sera heureux de ne plus souffrir. Vous devriez faire une neuvaine[2] pour lui. J'avons vu de belles guérisons par les neuvaines, et je paierions bien un cierge pour sauver une si douce créature, si
40 bonne, un agneau pascal[3].

La voix de Raphaël était devenue trop faible pour qu'il pût se faire entendre, il fut donc obligé de subir cet épouvantable bavardage. Cependant l'impatience le chassa de son lit, il se montra sur le seuil de la porte :
45 — Vieux scélérat, cria-t-il à Jonathas, tu veux donc être mon bourreau ?

La paysanne crut voir un spectre et s'enfuit.

— Je te défends, dit Raphaël en continuant, d'avoir la moindre inquiétude sur ma santé.
50 — Oui, monsieur le marquis, répondit le vieux serviteur en essuyant ses larmes.

— Et tu feras même fort bien, dorénavant, de ne pas venir ici sans mon ordre.

Jonathas voulut obéir ; mais, avant de se retirer, il jeta sur le
55 marquis un regard fidèle et compatissant[4] où Raphaël lut son arrêt de mort. Découragé, rendu tout à coup au sentiment vrai de sa situation, Valentin s'assit sur le seuil de la porte, se croisa les bras

---

1. **Il souffre la passion de Dieu :** il souffre terriblement.
2. **Neuvaine :** dans la religion catholique, cycle de prières de neuf jours pour obtenir une faveur de Dieu.
3. **Agneau pascal :** l'agneau de Pâques, qui symbolise l'innocence dans la religion chrétienne.
4. **Compatissant :** plein de compassion (pitié), qui prend part à sa douleur.

sur la poitrine et baissa la tête. Jonathas, effrayé, s'approcha de son maître.

60   — Monsieur ?

— Va-t'en ! va-t'en ! lui cria le malade.

Pendant la matinée du lendemain, Raphaël, ayant gravi[1] les rochers, s'était assis dans une crevasse pleine de mousse d'où il pouvait voir le chemin étroit par lequel on venait des eaux à son

65   habitation. Au bas du pic, il aperçut Jonathas conversant derechef[2] avec l'Auvergnate. Une malicieuse puissance lui interpréta les hochements de tête, les gestes désespérants, la sinistre naïveté de cette femme, et lui en jeta même les fatales paroles dans le vent et dans le silence. Pénétré d'horreur, il se réfugia sur les plus hautes

70   cimes des montagnes et y resta jusqu'au soir, sans avoir pu chasser les sinistres pensées, si malheureusement réveillées dans son cœur par le cruel intérêt dont il était devenu l'objet. Tout à coup l'Auvergnate elle-même se dressa soudain devant lui comme une ombre dans l'ombre du soir ; par une bizarrerie de poète, il voulut

75   trouver, dans son jupon rayé de noir et de blanc, une vague ressemblance avec les côtes desséchées d'un spectre.

— Voilà le serein[3] qui tombe, mon cher monsieur, lui dit-elle. Si vous restiez là, vous vous avanceriez ni plus ni moins qu'un fruit patrouillé[4]. Faut rentrer. Ça n'est pas sain de humer la rosée, avec

80   ça que vous n'avez rien pris depuis ce matin.

— Par le tonnerre de Dieu, s'écria-t-il, vieille sorcière, je vous ordonne de me laisser vivre à ma guise[5], ou je décampe[6] d'ici. C'est bien assez de me creuser ma fosse tous les matins, au moins ne la fouillez pas le soir.

85   — Votre fosse ! monsieur ! Creuser votre fosse ! Où qu'elle est donc, votre fosse ? Je voudrions vous voir bastant[7] comme notre

---

1. **Gravi :** participe passé du verbe « gravir », escalader.
2. **Derechef :** de nouveau.
3. **Serein :** légère humidité qui tombe au crépuscule et rafraîchit l'atmosphère après une chaude journée.
4. **Patrouillé :** manipulé avec des mains sales et qui va s'abîmer.
5. **À ma guise :** comme je veux.
6. **Je décampe :** je pars sur-le-champ.
7. **Bastant :** fort.

père, et point dans la fosse ! La fosse ! nous y sommes toujours
assez tôt, dans la fosse.

— Assez, dit Raphaël.

90 — Prenez mon bras, monsieur.

— Non.

Raphaël rentre à Paris.

Le lendemain il se trouva chez lui, dans sa chambre, au coin
de sa cheminée. Il s'était fait allumer un grand feu, il avait froid.
95 Jonathas lui apporta des lettres, elles étaient toutes de Pauline. Il
ouvrit la première sans empressement, et la déplia comme si c'eût
été le papier grisâtre d'une sommation[1] sans frais envoyée par le
percepteur[2]. Il lut la première phrase : « Parti, mais c'est une fuite,
mon Raphaël. Comment ! personne ne peut me dire où tu es ? Et si
100 je ne le sais pas, qui donc le saurait ? » Sans vouloir en apprendre
davantage, il prit froidement les lettres et les jeta dans le foyer, en
regardant d'un œil terne et sans chaleur les jeux de la flamme qui
tordait le papier parfumé, le racornissait, le retournait, le morcelait.

Des fragments roulèrent sur les cendres en lui laissant voir des
105 commencements de phrase, des mots, des pensées à demi brû-
lées, et qu'il se plut à saisir dans la flamme par un divertissement
machinal.

« ...Assise à ta porte... attendu... Caprice... j'obéis... Des
rivales... moi, non ! ; ta Pauline... aime... plus de Pauline donc ?...
110 Si tu avais voulu me quitter, tu ne m'aurais pas abandonnée...
Amour éterne... Mourir... »

Ces mots lui donnèrent une sorte de remords : il saisit les pin-
cettes et sauva des flammes un dernier lambeau de lettre.

« ...J'ai murmuré, disait Pauline, mais je ne me suis pas plainte,
115 Raphaël ? En me laissant loin de toi, tu as sans doute voulu me
dérober[3] le poids de quelques chagrins. Un jour, tu me tueras peut-
être, mais tu es trop bon pour me faire souffrir. Eh bien, ne pars
plus ainsi. Va, je puis affronter les plus grands supplices, mais près

---

1. **Sommation :** ordre, demande autoritaire.
2. **Percepteur :** fonctionnaire chargé de recevoir les impôts au nom de l'État.
3. **Dérober :** enlever.

de toi. Le chagrin que tu m'imposerais ne serait plus un chagrin :
120 j'ai dans le cœur encore bien plus d'amour que je ne t'en ai mon-
tré. Je puis tout supporter, hors de pleurer loin de toi, et de ne pas
savoir ce que tu… »

Raphaël posa sur la cheminée ce débris de lettre noirci par le
feu, il le rejeta tout à coup dans le foyer. Ce papier était une image
125 trop vive de son amour et de sa fatale vie.

— Va chercher monsieur Bianchon, dit-il à Jonathas.

Horace[1] vint et trouva Raphaël au lit.

— Mon ami, peux-tu me composer une boisson légèrement opiacée[2] qui m'entretienne dans une somnolence continuelle, sans que
130 l'emploi constant de ce breuvage[3] me fasse mal ?

— Rien n'est plus aisé, répondit le jeune docteur ; mais il fau-
dra cependant rester debout quelques heures de la journée, pour
manger.

— Quelques heures, dit Raphaël en l'interrompant, non, non, je
135 ne veux être levé que durant une heure au plus.

— Quel est donc ton dessein[4] ? demanda Bianchon.

— Dormir, c'est encore vivre, répondit le malade.

— Ne laisse entrer personne, fût-ce même mademoiselle Pauline
de Vitschnau, dit Valentin à Jonathas pendant que le médecin écri-
140 vait son ordonnance.

— Eh bien, monsieur Horace, y a-t-il de la ressource[5] ? demanda
le vieux domestique au jeune docteur qu'il avait reconduit
jusqu'au perron.

— Il peut aller encore longtemps, ou mourir ce soir. Chez lui,
145 les chances de vie et de mort sont égales. Je n'y comprends rien,
répondit le médecin en laissant échapper un geste de doute. Il faut
le distraire.

— Le distraire ! Monsieur, vous ne le connaissez pas. Il a tué
l'autre jour un homme sans dire ouf ! Rien ne le distrait.

---

1. **Horace :** le docteur Horace Bianchon, qui avait prescrit le repos à Raphaël.
2. **Opiacée :** à base d'opium.
3. **Breuvage :** boisson.
4. **Dessein :** intention.
5. **De la ressource :** de l'espoir.

III. L'agonie

Raphaël demeura pendant quelques jours plongé dans le néant
de son sommeil factice[1]. Grâce à la puissance matérielle exercée
par l'opium[2] sur notre âme immatérielle[3], cet homme d'imagination si puissamment active s'abaissa jusqu'à la hauteur de ces
animaux paresseux qui croupissent au sein des forêts, sous la
forme d'une dépouille[4] végétale, sans faire un pas pour saisir une
proie facile. Il avait même éteint la lumière du ciel, le jour n'entrait plus chez lui. Vers les huit heures du soir, il sortait de son lit :
sans avoir une conscience lucide de son existence, il satisfaisait
sa faim, puis se recouchait aussitôt. Ses heures froides et ridées
ne lui apportaient que de confuses images, des apparences, des
clairs-obscurs[5] sur un fond noir. Il s'était enseveli dans un profond
silence, dans une négation de mouvement et d'intelligence. Un
soir, il se réveilla beaucoup plus tard que de coutume, et ne trouva
pas son dîner servi. Il sonna Jonathas.

— Tu peux partir, lui dit-il. Je t'ai fait riche, tu seras heureux
dans tes vieux jours ; mais je ne veux plus te laisser jouer ma vie.
Comment ! misérable, je sens la faim. Où est mon dîner ? réponds.

Jonathas laissa échapper un sourire de contentement, prit une
bougie dont la lumière tremblotait dans l'obscurité profonde des
immenses appartements de l'hôtel ; il conduisit son maître rede-
venu machine à une vaste galerie et en ouvrit brusquement la
porte. Aussitôt Raphaël, inondé de lumière, fut ébloui, surpris par
un spectacle inouï. C'était ses lustres chargés de bougies, les fleurs
les plus rares de sa serre[6] artistement disposées, une table étince-
lante d'argenterie, d'or, de nacre, de porcelaines ; un repas royal,
fumant, et dont les mets appétissants irritaient les houppes nerveuses[7] du palais. Il vit ses amis convoqués, mêlés à des femmes

---

1. **Factice :** artificiel.
2. **La puissance matérielle exercée par l'opium :** l'opium fait dormir et apaise les
   souffrances de l'âme.
3. **Notre âme immatérielle :** par définition, l'âme n'a pas de matière, de corps.
4. **Dépouille :** peau détachée du corps, mue ; corps d'une personne décédée.
5. **Clairs-obscurs :** ombres qui produisent une atmosphère apaisante.
6. **Serre :** jardin couvert à parois vitrées qui protègent du froid et où l'on fait pousser
   plantes et fleurs.
7. **Houppes nerveuses :** papilles du palais qui contiennent une terminaison
   nerveuse.

parées et ravissantes, la gorge nue[1], les épaules découvertes, les
chevelures pleines de fleurs, les yeux brillants, toutes de beautés
180 diverses, agaçantes sous de voluptueux travestissements[2] : l'une
avait dessiné ses formes attrayantes par une jaquette irlandaise[3,]
l'autre portait la basquina[4] lascive[5] des Andalouses[6] ; celle-ci demi-
nue en Diane chasseresse[7], celle-là modeste et amoureuse sous
le costume de mademoiselle de La Vallière[8], étaient également
185 vouées à l'ivresse. Dans les regards de tous les convives brillaient
la joie, l'amour, le plaisir. Au moment où la morte figure de
Raphaël se montra dans l'ouverture de la porte, une acclamation
soudaine éclata, rapide, rutilante[9] comme les rayons de cette fête
improvisée. Les voix, les parfums, la lumière, ces femmes d'une
190 pénétrante beauté frappèrent tous ses sens, réveillèrent son appétit. Une délicieuse musique, cachée dans un salon voisin, couvrit
par un torrent d'harmonie ce tumulte enivrant, et compléta cette
étrange vision. Raphaël se sentit la main pressée par une main
chatouilleuse, une main de femme dont les bras frais et blancs
195 se levaient pour le serrer, la main d'Aquilina[10]. Il comprit que
ce tableau n'était pas vague et fantastique comme les fugitives
images de ses rêves décolorés, il poussa un cri sinistre, ferma brusquement la porte, et flétrit[11] son vieux serviteur en le frappant au
visage.

200   — Monstre, tu as donc juré de me faire mourir ? s'écria-t-il. Puis,
tout palpitant du danger qu'il venait de courir, il trouva des forces

---

1. **La gorge nue :** la poitrine découverte (par de larges décolletés).
2. **Travestissements :** déguisements, parures.
3. **Jaquette irlandaise :** veste de femme ajustée au niveau de la taille, vraisemblablement en laine d'Irlande.
4. **Basquina :** sorte de jupe riche et élégante que portent les femmes espagnoles.
5. **Lascive :** qui cherche à éveiller le désir des hommes.
6. **Andalouses :** femmes originaires d'Andalousie, région au sud de l'Espagne.
7. **Diane chasseresse :** déesse de la Chasse, dans la mythologie.
8. **Mademoiselle de La Vallière :** maîtresse de Louis XIV.
9. **Rutilante :** éclatante.
10. **Aquilina :** Raphaël a rencontré la jeune femme lors de la fête organisée par le
    banquier Taillefer.
11. **Flétrit :** verbe « flétrir », blâmer, condamner ce qu'on est en droit de reprocher à
    quelqu'un (littéraire).

pour regagner sa chambre, but une forte dose de sommeil, et se coucha.

— Que diable ! dit Jonathas en se relevant, monsieur Bianchon m'avait cependant bien ordonné de le distraire.

Il était environ minuit. À cette heure, Raphaël, par un de ces caprices physiologiques[1], l'étonnement et le désespoir des sciences médicales[2], resplendissait de beauté pendant son sommeil. Un rose vif colorait ses joues blanches. Son front gracieux comme celui d'une jeune fille exprimait le génie. La vie était en fleurs sur ce visage tranquille et reposé. Vous eussiez dit d'un jeune enfant endormi sous la protection de sa mère. Son sommeil était un bon sommeil, sa bouche vermeille laissait passer un souffle égal et pur ; il souriait transporté sans doute par un rêve dans une belle vie. Peut-être était-il centenaire, peut-être ses petits-enfants lui souhaitaient-ils de longs jours, peut-être de son banc rustique[3], sous le soleil, assis sous le feuillage, apercevait-il, comme le prophète[4], en haut de la montagne, la terre promise[5], dans un bienfaisant lointain !

— Te voilà donc !

Ces mots, prononcés d'une voix argentine, dissipèrent les figures nuageuses de son sommeil. À la lueur de la lampe, il vit assise sur son lit sa Pauline, mais Pauline embellie par l'absence et par la douleur. Raphaël resta stupéfait à l'aspect de cette figure blanche comme les pétales d'une fleur des eaux[6], et qui, accompagnée de longs cheveux noirs, semblait encore plus noire dans l'ombre. Des larmes avaient tracé leur route brillante sur ses joues, et y restaient suspendues, prêtes à tomber au moindre effort. Vêtue de blanc, la tête penchée et foulant[7] à peine le lit, elle était là comme un ange

---

1. **Caprices physiologiques :** miracle qu'accomplit le corps au moment où tout semble perdu.
2. **L'étonnement et le désespoir des sciences médicales :** que la médecine ne comprend pas.
3. **Rustique :** campagnard.
4. **Le prophète :** sage « élu » devant recevoir et transmettre la parole divine. Ici, il s'agit vraisemblablement d'Abraham (voir note suivante).
5. **La terre promise :** selon l'Ancien Testament, Dieu a donné la terre d'Israël au prophète Abraham et à sa famille.
6. **Fleur des eaux :** le nénuphar blanc.
7. **Foulant :** pressant, écrasant.

230 descendu des cieux, comme une apparition qu'un souffle pouvait faire disparaître.

– Ah ! j'ai tout oublié, s'écria-t-elle au moment où Raphaël ouvrit les yeux. Je n'ai de voix que pour te dire : Je suis à toi ! Oui, mon cœur est tout amour. Ah ! jamais, ange de ma vie, tu n'as été

235 si beau. Tes yeux foudroient. Mais je devine tout, va ! Tu as été chercher la santé sans moi, tu me craignais… Eh bien.

– Fuis, fuis, laisse-moi, répondit enfin Raphaël d'une voix sourde. Mais va-t'en donc. Si tu restes là, je meurs. Veux-tu me voir mourir ?

240 – Mourir ! répéta-t-elle. Est-ce que tu peux mourir sans moi ? Mourir, mais tu es jeune ! Mourir, mais je t'aime ! Mourir ! ajouta-t-elle d'une voix profonde et gutturale[1] en lui prenant les mains par un mouvement de folie.

– Froides, dit-elle. Est-ce une illusion ?

245 Raphaël tira de dessous son chevet le lambeau de la peau de chagrin, fragile et petit comme la feuille d'une pervenche[2], et le lui montrant :

– Pauline, belle image de ma belle vie, disons-nous adieu, dit-il.

– Adieu ? répéta-t-elle d'un air surpris.

250 – Oui. Ceci est un talisman qui accomplit mes désirs, et représente ma vie. Vois ce qu'il m'en reste. Si tu me regardes encore, je vais mourir…

La jeune fille crut Valentin devenu fou, elle prit le talisman, et alla chercher la lampe. Éclairée par la lueur vacillante qui se pro-

255 jetait également sur Raphaël et sur le talisman, elle examina très attentivement et le visage de son amant et la dernière parcelle de la Peau magique. En la voyant belle de terreur et d'amour, il ne fut plus maître de sa pensée : les souvenirs des scènes caressantes et des joies délirantes de sa passion triomphèrent dans son âme

260 depuis longtemps endormie, et s'y réveillèrent comme un foyer[3] mal éteint.

– Pauline, viens ! Pauline !

---

1. **Gutturale :** qui vient du fond de la gorge, rauque.
2. **Pervenche :** plante à fleurs bleues ou mauves, poussant dans les lieux ombragés. Ses feuilles sont petites et délicates.
3. **Un foyer :** un feu.

III. L'agonie

Un cri terrible sortit du gosier de la jeune fille, ses yeux se dilatè-rent[1], ses sourcils violemment tirés par une douleur inouïe, s'écar-tèrent avec horreur, elle lisait dans les yeux de Raphaël un de ces désirs furieux, jadis sa gloire à elle ; et à mesure que grandissait ce désir, la Peau, en se contractant, lui chatouillait la main. Sans réflé-chir, elle s'enfuit dans le salon voisin dont elle ferma la porte.

— Pauline ! Pauline ! cria le moribond[2] en courant après elle, je t'aime, je t'adore, je te veux ! Je te maudis, si tu ne m'ouvres ! Je veux mourir à toi[3] !

Par une force singulière, dernier éclat de vie, il jeta la porte à terre, et vit sa maîtresse à demi nue se roulant sur un canapé. Pauline avait tenté vainement de se déchirer le sein, et pour se donner une prompte mort, elle cherchait à s'étrangler avec son châle.

— Si je meurs, il vivra, disait-elle en tâchant vainement de serrer le nœud. Ses cheveux étaient épars[4], ses épaules nues, ses vête-ments en désordre, et dans cette lutte avec la mort, les yeux en pleurs, le visage enflammé, se tordant sous un horrible désespoir, elle présentait à Raphaël, ivre d'amour, mille beautés qui augmen-tèrent son délire ; il se jeta sur elle avec la légèreté d'un oiseau de proie, brisa le châle, et voulut la prendre dans ses bras.

Le moribond chercha des paroles pour exprimer le désir qui dévorait toutes ses forces ; mais il ne trouva que les sons étranglés du râle[5] dans sa poitrine, dont chaque respiration creusée plus avant, semblait partir de ses entrailles. Enfin, ne pouvant bientôt plus former de sons, il mordit Pauline au sein. Jonathas se présenta tout épouvanté des cris qu'il entendait, et tenta d'arracher à la jeune fille le cadavre sur lequel elle s'était accroupie dans un coin.

— Que demandez-vous ? dit-elle. Il est à moi, je l'ai tué, ne l'avais-je pas prédit ?

---

1. **Se dilatèrent :** s'agrandirent.
2. **Moribond :** mourant.
3. **À toi :** en étant à toi.
4. **Épars :** éparpillés.
5. **Râle :** bruit que fait une personne en train de mourir et venant de sa difficulté à respirer.

Clefs d'analyse

Épisode 8

Action et personnages

1. En quoi consistent « les plaisirs d'une seconde enfance » (l. 3) que connaît Valentin au début de son séjour en Auvergne ?

2. Quels symptômes l'hôtesse note-t-elle chez le malade ? Justifiez l'expression « la sinistre naïveté de cette femme » qu'emploie le narrateur à la ligne 67.

3. Comment Raphaël répond-il à l'empressement de Jonathas ? de son hôtesse ? Le trouvez-vous injuste ? Pourquoi ?

4. Que révèlent les fragments des lettres de Pauline ? Quelles pensées et sentiments ont agité la jeune femme durant l'absence de Raphaël ?

5. Par quel moyen Raphaël essaie-t-il de prolonger sa vie ? Quel produit le médecin lui prescrit-il ? Pourquoi cet homme de science ne comprend-il pas la maladie de son patient ?

6. Vers minuit, Raphaël apparaît comme transfiguré. Relevez quelques termes significatifs. À quoi attribuer l'amélioration de son état ?

7. Justifiez les efforts de Raphaël pour éloigner Pauline.

8. Combien mesure la Peau désormais ? Quel dénouement s'annonce ?

9. Dans quelles conditions meurt Raphaël ? Appréciez la splendeur dramatique de la dernière scène.

Langue

1. Caractérisez le niveau de langage de l'hôtesse auvergnate. Relevez quelques exemples et expliquez ce que ce langage authentique apporte au récit.

2. Dans la dernière scène, qui est successivement nommé « le moribond », puis « le cadavre » ? Comment ces deux termes soulignent-ils la progression du récit ?

Genre ou thèmes

1. À quel épisode antérieur fait penser la fête organisée par Jonathas en l'honneur de son maître ? Montrez que tous les

Clefs d'analyse

éléments du plaisir sont ici réunis et expliquez la réaction du marquis.

2. Relevez un verbe montrant à partir de quel point de vue est brossé le portrait de Pauline dans les lignes 224-231. Par quels détails la jeune femme fait-elle penser à une vision céleste ?

3. Pourquoi Pauline croit-elle Valentin fou quand il révèle le pouvoir maléfique de la Peau ? Expliquez sa fuite et sa volonté d'en finir avec la vie.

4. Comment, dans la scène finale, le désespoir se mêle-t-il à l'amour et à la mort ?

Écriture

1. Que pensez-vous du dénouement de La Peau de chagrin ? Argumentez votre point de vue en vous fondant sur le destin des personnages. Quelle péripétie Balzac aurait-il pu imaginer pour sauver son héros ? Donnez libre cours à votre imagination.

2. Ajoutez un paragraphe à la fin du récit. Vous y décrirez l'amenuisement puis la disparition définitive de la peau de chagrin sous les yeux de Pauline.

Pour aller plus loin

1. La Peau de chagrin est un récit fantastique. Citez d'autres œuvres (romans, contes, films) développant ce registre.

✳ À retenir

Le dénouement est le point d'arrivée d'un récit. L'action y trouve sa conclusion. La mort de Raphaël, programmée depuis le début du roman, est retardée par le héros qui, pendant plusieurs mois, choisit d'échapper à toutes les tentations. D'un épisode à l'autre cependant, la peau de chagrin rétrécit, la mort approche inévitablement, jusqu'à la scène finale où Raphaël s'abandonne au désir que lui inspire Pauline et meurt dans l'apothéose d'un amour partagé.

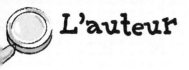

L'auteur

1. **Vrai ou faux ?**
   Honoré de Balzac a écrit et vécu au :
   a. XVIIIe siècle en France   □ vrai □ faux
   b. XVIIIe siècle en Russie   □ vrai □ faux
   c. XIXe siècle en France   □ vrai □ faux
   d. XIXe siècle en Russie   □ vrai □ faux
   e. XVIIe siècle en France   □ vrai □ faux

2. **Repérez et soulignez une inexactitude dans cette brève biographie de Balzac :**
   Honoré de Balzac a fait des études de droit, mais sa vocation d'écrivain étant plus forte que tout, il a décidé de se consacrer à la littérature pour devenir un auteur célèbre, riche et admiré de tous. Pendant plusieurs années, il a vécu dans une mansarde, passionné par les questions de philosophie, s'essayant au théâtre et choisissant finalement la forme du roman.
   La Peau de chagrin, qu'il a écrit à l'âge de 33 ans, est son premier grand succès de romancier : cette œuvre, qui contient de nombreux traits autobiographiques, est considérée comme un chef-d'œuvre de la littérature fantastique.

3. **Répondez par « oui » ou par « non ». Balzac a vécu à la même époque que :**
   a. Victor Hugo   □ oui □ non
   b. Alexandre Dumas   □ oui □ non
   c. Alphonse de Lamartine   □ oui □ non
   d. Alfred de Musset   □ oui □ non
   e. Jean-Jacques Rousseau   □ oui □ non

Avez-vous bien lu ?

Le genre

1. **Vrai ou faux ?** *La Peau de chagrin* **est un roman :**

   a. noir   ☐ vrai ☐ faux

   b. réaliste   ☐ vrai ☐ faux

   c. autobiographique   ☐ vrai ☐ faux

   d. satirique   ☐ vrai ☐ faux

   e. historique   ☐ vrai ☐ faux

2. **Barrez une inexactitude :**

   ☐ a. Dans *La Peau de chagrin*, Balzac raconte l'itinéraire de Raphaël.

   ☐ b. Dans *La Peau de chagrin*, Raphaël raconte sa jeunesse à son ami Émile.

   ☐ c. *La Peau de chagrin* est un roman en deux parties.

   ☐ d. *La Peau de chagrin* est un roman en trois parties.

   ☐ e. *La Peau de chagrin* est un roman en prose.

3. **À l'aide de flèches, associez** *La Peau de chagrin* **avec les registres qui caractérisent cette œuvre :**

   ☐ a. registre dramatique

   ☐ b. registre fantastique

   La Peau de chagrin   ☐ c. registre épique

   ☐ d. registre lyrique

   ☐ e. registre merveilleux

4. **Soulignez les éléments appartenant au registre fantastique :**
   le magasin d'antiquités – le petit vieillard – la rencontre de Raphaël avec ses amis – la fête du banquier Taillefer – la passion de Raphaël pour Foedora – l'héritage de Raphaël – la fortune de Pauline – la rencontre de Raphaël et de Pauline au théâtre – la victoire de Raphaël sur son adversaire le jour du duel.

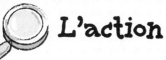

L'action

1. **Dans quels différents lieux se déroule l'action de *La Peau de chagrin* ? Cochez la/les bonne(s) réponse(s) :**
   - ☐ a. Paris
   - ☐ b. Aix-les-Bains
   - ☐ c. Aix-en-Provence
   - ☐ d. Annecy
   - ☐ e. L'Auvergne

2. **L'action commence en :**
   - ☐ a. 1833
   - ☐ b. 1830
   - ☐ c. 1831
   - ☐ d. 1834
   - ☐ e. 1835

3. **Chez l'antiquaire, la dimension de la peau de chagrin n'excède pas celle :**
   - ☐ a. d'une peau d'âne
   - ☐ b. d'une peau de renard
   - ☐ c. d'une peau d'ours
   - ☐ d. d'une peau de zèbre
   - ☐ e. d'une peau de chèvre

4. **Une des phrases du talisman promet :**
   - ☐ a. « Si tu me possèdes, tu posséderas tout. »
   - ☐ b. « Si tu me possèdes, tu deviendras riche. »
   - ☐ c. « Si tu me possèdes, tous tes désirs seront réalisés. »
   - ☐ d. « Si tu me possèdes, tu seras célèbre. »
   - ☐ e. « Si tu me possèdes, tu posséderas tout mais tu ne seras rien. »

5. **À l'aide de numéros, mettez dans l'ordre chronologique les événements essentiels de l'intrigue :**
   - ☐ a. Raphaël malade part se reposer dans une ville d'eaux.
   - ☐ b. Raphaël raconte ses années de jeunesse à Émile.
   - ☐ c. Raphaël participe à la fête du banquier Taillefer.

L'action

- ☐ d. Raphaël rencontre Pauline aux Italiens.
- ☐ e. Raphaël entre dans le magasin d'antiquités.
- ☐ f. Raphaël hérite d'une somme considérable.
- ☐ g. Raphaël reçoit son ancien professeur.
- ☐ h. Raphaël jette les lettres de Pauline au feu.

6. Barrez un fait inexact dans l'action :
- ☐ a. Au début du roman, Raphaël ruiné veut se suicider.
- ☐ b. Pour se libérer, Raphaël veut rendre la peau de chagrin à l'antiquaire.
- ☐ c. Foedora refuse l'amour et la maternité.
- ☐ d. Rastignac joue l'argent que lui a confié Raphaël et il gagne.
- ☐ e. Dans la dernière scène, Pauline veut mettre fin à ses jours.

Les personnages

1. Les courtisanes sont :
- ☐ a. Pauline
- ☐ b. Foedora
- ☐ c. Aquilina
- ☐ d. Justine
- ☐ e. Euphrasie

2. Associez chaque personnage avec son portrait :

Pauline – Aquilina – Euphrasie – l'antiquaire – le père de Raphaël.

a. « Un grand homme sec et mince, le visage en lame de couteau, le teint pâle, à parole brève » : ....

b. « Comme l'héroïne de Peau d'âne, elle laissait voir un pied mignon dans d'ignobles souliers » : ....

c. « La robe ensevelissait le corps comme dans un vase linceul, et ne permettait de voir d'autre forme humaine qu'un visage étroit et pâle » : ....

d. « L'œil, armé de longs cils, lançait des flammes hardies, étincelles d'amour » : ....

e. « Une figure délicate, une taille grêle, des yeux bleus ravissants de modestie, des tempes fraîches et pures » : ....

3. Qui prononce ces phrases :

Euphrasie – Aquilina – Foedora – Pauline – Justine ?

a. « Qu'appelez-vous l'avenir ? Pourquoi penserais-je à ce qui n'existe pas encore ? » : ....

b. « Nous vivons plus en un jour qu'une bonne bourgeoise en dix ans » : ....

c. « Il faut vous marier, Madame, avoir des enfants » : ....

d. « Me marier ? non, non. Le mariage est un trafic pour lequel je ne suis pas née » : ....

e. « Ta vie est ma vie » : ....

4. Qui apporte la nouvelle de l'héritage de Raphaël ?

☐ a. Jonathas

☐ b. Taillefer

☐ c. Rastignac

☐ d. Cardot

☐ e. Émile

5. Le major Martin O'Flaharty qui laisse un héritage à Raphaël est :

☐ a. son cousin

☐ b. son petit-cousin

☐ c. son oncle

☐ d. son grand-oncle

☐ e. son beau-père

Les principaux thèmes

Avez-vous bien lu ?

1. **Indiquez quel thème développent les phrases suivantes :**
   la richesse – la pauvreté – la passion amoureuse – la mort – le pouvoir.
   a. « Il n'y a pas d'échafaud, pas de bourreaux pour les millionnaires ! » : ....
   b. « Le monde lui appartenait, il pouvait tout et ne voulait plus rien. » : ....
   c. « Je voudrais te sacrifier le monde entier, je voudrais être encore et toujours ta servante. » : ....
   d. « Si tu restes là, je meurs. » : ....
   e. « Je me souvins alors que j'étais à jeun. Je ne possédais pas un denier. » : ....

2. **Quels thèmes la dernière phrase du récit — « Que demandez-vous ? dit-elle. Il est à moi, je l'ai tué, ne l'avais-je pas prédit ? » — associe-t-elle ?**
   ☐ a. l'amour et la mort
   ☐ b. l'amour et la maladie
   ☐ c. l'amour et le désir
   ☐ d. l'amour et l'argent
   ☐ e. l'amour et le luxe

3. **Barrez les thèmes qui n'apparaissent pas dans *La Peau de chagrin* :**
   la justice – la religion – l'amitié – le patriotisme – la jalousie – la richesse – la pauvreté – la liberté – la maternité – le pouvoir – l'aventure – le voyage – la maladie – la mort – Paris – l'ambition – le bonheur – le mariage – la femme – le suicide – la fête.

L'écriture du roman

1. Cochez les phrases de registre dramatique :

☐ a. « À peine placé, je reçus un coup électrique dans le cœur. Une voix me dit : Elle est là ! je me retourne, j'aperçois la comtesse au fond de sa loge, cachée dans l'ombre. »

☐ b. « Fière de sa beauté, fière de ses vices peut-être, elle montrait un bras blanc, qui se détachait vivement sur le velours. »

☐ c. « Donnez-moi des millions, je les mangerai ; je ne voudrais pas garder un centime pour l'année prochaine. »

☐ d. « Quel plaisir d'arriver couvert de neige dans une chambre éclairée par des parfums, tapissée de soies peintes. »

☐ e. « Il y eut un moment où je me représentai Foedora se réveillant dans mes bras. Je pouvais me mettre tout doucement à ses côtés, m'y glisser, et l'étreindre. »

2. Cochez les phrases réalistes :

☐ a. « Quand la vieillesse nous met des bas noirs aux jambes et des rides au front, flétrit tout ce qu'il y a de femme en nous et sèche la joie dans les regards de nos amis, de quoi pourrions nous avoir besoin ? »

☐ b. « Apprenez aussi que je n'ai jamais revu les personnes assez mal inspirées pour m'avoir parlé d'amour. »

☐ c. « Renoncer à la voir si je me mouillais ! Ne pas posséder cinq sous pour faire effacer par un décrotteur la plus légère tache de boue sur ma botte ! »

☐ d. « Les teints bilieux qui jettent tant d'éclat aux lumières faisaient horreur, les figures lymphatiques, si blanches, si molles, quand elles sont reposées, étaient devenues vertes. »

☐ e. « M. le marquis n'a rien à souhaiter. Il a des fraises quand il y a des fraises, et le premier maquereau qui arrive à Paris, il le mange. »

3. **Repérez et soulignez les comparaisons :**
   a. « Le vieillard se tenait debout, immobile, inébranlable comme une étoile au milieu d'un nuage de lumière. »
   b. « Maintenant vos volontés seront scrupuleusement satisfaites, mais aux dépens de votre vie. »
   c. « Elle était là, comme la reine du plaisir, comme une image de la joie humaine. »
   d. « Dans sa redingote marron, où il se tenait droit comme un cierge pascal, il avait l'air d'un hareng saur enveloppé dans la couverture rougeâtre d'un pamphlet. »
   e. « Nous sommes maîtres d'abandonner la femme qui se vend, mais non pas la jeune fille lui se donne. »

4. **Soulignez les indices qui révèlent la présence du narrateur dans le récit :**
   a. « Il y avait en tout je ne sais quelle grâce poétique dont le prestige devait agir sur l'imagination d'un homme sans argent. »
   b. « Figurez-vous un petit vieillard sec et maigre, vêtu d'une robe en velours noir. »
   c. « Ses yeux verts, pleins de je ne sais quelle malice calme, semblaient éclairer le monde moral. »
   d. « Il abondait dans cette scène matinale un bonheur inexprimable comme tout ce qui est naturel et vrai. »
   e. « La balle de Charles alla briser une branche de saule, et ricocha sur l'eau. »

POUR
APPROFONDIR

Thèmes et prolongements

✤ Une peinture réaliste

Montrer le monde tel qu'il est, sans le transfigurer par l'imagination; observer sans pitié les attitudes et les actions des hommes, exposer ce que le bon goût imposerait de cacher et mettre devant les yeux du lecteur le détail qui révèle la vérité d'un caractère, d'une pensée ou d'une situation, telle est la démarche de Balzac dans *La Peau de chagrin*.

Des portraits minutieux, des scènes saisissantes

Les personnages sont dépeints avec un vrai souci d'exactitude. Ainsi le père du héros, « un grand homme sec et mince, le visage en lame de couteau, le teint pâle, à parole brève », s'anime comme une figure vivante dont le caractère austère s'affirme au détour de quelques termes justes. Les femmes sont montrées sans fard; la luxure est présentée avec une fidélité brutale comme l'atteste le portrait d'Aquilina, la fière courtisane : « sa chevelure noire, lascivement bouclée, semblait avoir déjà subi les combats de l'amour... la bouche, rouge, humide, entr'ouverte, appelait le baiser ».

Balzac fait entrer le lecteur dans l'intimité de ses héros. Il nous montre ainsi Justine agenouillée en train de déchausser sa maîtresse qui bâille en se grattant la tête. Toujours, il peint l'angoisse de Raphaël sous ses aspects les plus physiques : « une sueur glacée sortit de ses pores ». Les scènes de groupe sont également peintes avec une netteté impitoyable, comme l'atteste le spectacle des invités du banquier Taillefer après une nuit d'orgie. Dans ces pages où Balzac s'attarde sur « les honteux stigmates de l'ivresse », le romancier s'impose comme le peintre magistral des laideurs humaines.

Des dialogues authentiques

Les paroles des personnages sont rapportées sous une forme si naturelle que le lecteur oublie la mise en scène romanesque. Les propos légers et cyniques des amis de Raphaël se conjuguent avec les froids témoignages des courtisanes. Exposées avec hardiesse, les idées d'Euphrasie sur le vice et la vertu obligent le lecteur à reconsidérer ses préjugés : « Nous vivons plus en un jour qu'une bonne bourgeoise en dix ans. » Dans *La Peau de chagrin*, on parle aussi beaucoup d'argent. Incapable de payer le commissionnaire qui vient d'abriter de son parapluie Foedora, la femme aimée, Raphaël déclare brutalement : « je n'ai pas de monnaie, mon cher ». La richesse soudaine du jeune homme amène sur les lèvres des invités des souhaits spontanés où s'expriment les égoïsmes les plus bas ; « payez mes dettes », supplie l'un, « envoie une apoplexie à mon oncle, le grand sec », suggère l'autre. Au travers de ces discours, la nature humaine s'affiche sans masque, dans toute l'étendue de sa vulgarité. Quant aux personnages de modeste origine, ils parlent la langue du peuple : « ça nous a coûté gros, par exemple » (le domestique de Raphaël), « il tousse, il crache, ce cher monsieur, que c'est une pitié » (la paysanne auvergnate).

La langue du réalisme

Le réalisme de Balzac s'appuie d'abord sur un vocabulaire descriptif ; rien d'allusif, mais au contraire des termes concrets qui répondent chez l'auteur à une volonté d'exactitude : la vieillesse des filles de joie est évoquée en des termes francs comme « haillons », « odeur de mort », « squelette ». L'argent est mentionné sous ses formes les plus familières (« bordereau de vente »), de même que la misère de l'étudiant est exposée de la façon la plus terre à terre : la mère de Pauline « raccommode » le « linge » de son locataire... La nourriture est également décrite sans fioritures : Raphaël devenu « monsieur le marquis » reçoit de son domestique « des fraises quand il y a des fraises, et le premier maquereau qui arrive à Paris ». Mais, paradoxalement, le réalisme se nourrit aussi d'images : Aquilina est évoquée comme « la reine du plaisir » ; Euphrasie lance « un sourire venimeux » et un « regard de vipère ». C'est ainsi que la métaphore énonce la dépravation de l'une et l'amertume haineuse de l'autre. Dans ces expressions qui transforment le réel en vision d'artiste, Balzac s'affirme à la fois autant comme le peintre et le poète du vrai.

Pour approfondir

✤ Un récit fantastique

Le titre du roman *La Peau de chagrin* énonce la raison d'être du récit en mentionnant l'objet magique qui fonde le destin tragique du héros : un talisman au pouvoir redoutable. Présentée par l'intermédiaire d'un personnage énigmatique, messager d'une puissance infernale, la peau de chagrin donne en même temps qu'elle prend, promet le bonheur tout en condamnant au malheur.

Le petit vieillard

C'est d'abord le personnage du petit vieillard qui inscrit le récit dans le registre du fantastique. Présentée d'emblée comme « une espèce de fantôme », cette créature inquiète et dérange. Dans le portrait qu'il en dresse, Balzac accumule les indices attestant l'origine surnaturelle de « cet être bizarre » surgi de nulle part. Au physique, le petit vieillard se distingue par son teint cadavérique et sa maigreur (« sec et maigre... visage étroit et pâle... bras décharné... lèvres décolorées... joues blêmes et creuses »). Le vêtement composé d'une robe où le corps se perd est comparé à un « vaste linceul », terme emprunté au vocabulaire de la mort. Évoquant tour à tour Moïse, le Père Éternel et Méphistophélès, le « vieux génie » éveille le doute par la contradiction inscrite sur toute sa personne : « il se trouvait tout ensemble une suprême puissance sur le front et de sinistres railleries sur la bouche ».

La scène de sa rencontre avec Raphaël est baignée de mystère. Telle une apparition mystique, le vieillard se tient « debout, immobile, inébranlable comme une étoile au milieu d'un nuage de lumière ». Sa personnalité fascine : l'homme lit dans les pensées et sur le visage de Raphaël. En un coup d'œil, il saisit la détresse du jeune homme et lui propose le pacte de la peau de chagrin.

La peau de chagrin

La peau de chagrin est un morceau de cuir qui a la taille d'une peau de renard. Ordinaire à première vue, elle révèle son mystère à travers son éclat surnaturel (« cette peau projetait au sein de la profonde obscurité qui régnait dans le magasin des rayons si lumineux que vous eussiez dit d'une petite comète »), son incroyable résistance (aucun instrument ne parvient à l'entamer) et le message en sanscrit — langue sacrée de l'Inde — qui s'y trouve gravé. Que propose le pacte ? Un marché dont le lecteur saisit immédiatement la gravité, car Raphaël obtiendra tout ce qu'il souhaite, mais le prix de ces faveurs venues d'on ne sait où sera considérable : « vos volontés seront scrupuleusement satisfaites, mais aux dépens de votre vie. Le cercle de vos jours, figuré par cette peau, se resserrera suivant la force et le nombre de vos souhaits, depuis le plus léger jusqu'au plus exorbitant. » Comment ne pas voir qu'il s'agit là d'un marché de dupes puisque le jeune homme devra renoncer fatalement à tout ce que la Peau lui aura offert ?

Et tel sera bien le scénario qui soutiendra l'intrigue. La promesse inscrite sur le talisman sera tenue. La peau de chagrin permettra au héros désespéré de s'acheter un destin à la hauteur de son idéal. Raphaël héritera et sa richesse s'accompagnera des privilèges liés à l'argent : confort, luxe, pouvoir et succès. Mais chacun de ses désirs réduira la taille du talisman, c'est-à-dire sa durée de vie. Car une puissance maléfique attend avec avidité la conclusion du pacte.

Incompréhension et terreur

D'où vient cette « peau merveilleuse » ? Qui a conféré à ce talisman son « terrible pouvoir » ? Avec quelle puissance mystérieuse Raphaël a-t-il signé le contrat de dupes dont la peau est le symbole ? À quel monde appartient le petit vieillard ? Avec quelle macabre puissance est-il en relation ? De qui est-il le messager ? Et quelle est la véritable identité de ce brachmane qui a donné cette peau au vieillard ? On ne le saura jamais. C'est précisément dans ces questions sans réponse que réside le fantastique, dans ce combat perdu d'avance du héros prisonnier d'une force implacable et sans nom. D'un épisode à l'autre, le talisman remplit bien sa mission romanesque : il inscrit l'intrigue dans un espace inconnu et sinistre, subjugue un lecteur condamné à l'incompréhension et à la terreur jusqu'à un dénouement tragique habilement programmé.

Pour approfondir

✥ La peau de chagrin ou l'enfer sur terre

La Peau de chagrin raconte l'histoire d'un jeune homme qui souffre. D'un bout à l'autre de l'intrigue, Raphaël est en proie au désespoir, incapable par nature et par fatalité d'inverser les données de son destin. C'est ainsi que la mélancolie de l'étudiant ruiné laisse place, après la signature du pacte, à la terreur du marquis de Valentin, jeune homme comblé de tous les privilèges, mais qui contemple sa tombe.

Un jeune homme triste

Au début du roman, le héros marche volontairement vers sa propre mort. Après avoir perdu sa dernière pièce d'or au jeu, il a décidé de mettre fin à ses jours. Dans le magasin d'antiquités où il attend le moment fatal, il répond aux questions du petit vieillard, avoue « des souffrances inouïes qu'il est difficile d'exprimer en langage humain », ajoutant qu'il est « dans la plus profonde, la plus ignoble, la plus perçante de toutes les misères ». Plus tard, quand il raconte sa vie à son ami Émile au cours de la nuit d'orgie du banquier Taillefer, cette déclaration si extrême prend tout son sens. Raphaël y révèle ses aspirations déçues. D'abord, un drame familial : la ruine de sa famille et le désespoir de son père (« il m'adorait et m'avait ruiné »). Ensuite, sa pauvreté et son déclassement social. Enfin, ses espoirs mêlés d'incertitudes (« je me croyais destiné à de grandes choses, et je me sentais dans le néant ») et son isolement (« j'avais besoin des hommes, et je me trouvais sans amis »). Sur le plan personnel, Raphaël est aussi un homme frustré car la modeste Pauline ne répond en rien à sa soif de romanesque (« Mon amour veut des échelles de soie escaladées en silence, par une nuit d'hiver »), tandis que la redoutable Foedora se joue de sa passion. Au bord du suicide, il devient alors, avec son ami Rastignac, un adepte sans joie de la débauche, un « galérien du plaisir ». Tel est le malheur de ce jeune homme brillant et romantique qui n'arrive pas à faire coïncider ses rêves avec la réalité.

Un damné

Quand Raphaël devient le marquis de Valentin riche à millions, il comprend brusquement qu'il est tombé dans le pire des pièges car cette mort tant désirée, il la redoute désormais. En proie à de nouveaux tourments, il veut, par tous les moyens, échapper au désir qui tue, c'est-à-dire à la faim ou à la soif, à la fatigue et au repos, à l'ambition, à l'amitié, à la passion.

La Peau devient son obsession, il mesure le talisman dès qu'un souhait lui échappe. Pour se protéger d'une mort annoncée, il s'isole, paralyse son quotidien, anticipe sur le moindre détail, détermine tout à l'avance, organise avec l'aide de Jonathas, son domestique, un rituel immuable. Dans sa vie désormais, il ne reste aucune place pour l'improvisation. Le marquis est un homme seul, rongé par une maladie qui détruit son corps et son esprit. C'est à son agonie longue et cruelle que Balzac invite le lecteur dans toute la troisième partie du roman, jusqu'à la scène finale où le moribond perd la vie dans un paroxysme de violence.

Des bonheurs éphémères

La courte existence de Raphaël s'ouvre pourtant à quelques rares moments de bonheur. Pendant les premiers mois de sa vie à l'hôtel Saint-Quentin, Raphaël connaît une certaine paix de l'esprit quand, tout entier voué à l'étude, il semble avoir trouvé un mode de vie harmonieux : « je diogénisais avec une incroyable fierté ». Plus tard, quand le marquis de Valentin, mort-vivant, revoit Pauline au théâtre, une parenthèse amoureuse s'ouvre pour lui, faite de douceur et de réconfort comme l'atteste la scène charmante où le couple déjeune tranquillement dans un salon rempli de fleurs. Enfin, le voyage au Mont-Dore ménage dans l'enfer du condamné un bref et savoureux répit : « Valentin goûta les plaisirs d'une seconde enfance durant les premiers moments de son séjour au milieu de ce riant paysage.

Pour approfondir

❖ La société mise en scène

Paru en 1831, le récit de *La Peau de chagrin* a pour toile de fond le Paris contemporain de l'auteur. L'ancrage de l'action en 1830 présente un véritable intérêt documentaire pour le lecteur qui découvre, à travers des personnages emblématiques, la société de l'époque, avec ses déclassés, sa jeunesse cynique et ses mondains, sans qu'apparaisse chez Balzac une quelconque intention moraliste.

Les déclassés

Plusieurs personnages révèlent les désordres liés aux événements historiques qui ont dessiné la société du XIXᵉ siècle. En premier lieu le héros du roman, jeune aristocrate ruiné dont la famille n'a pas réussi à récupérer les terres dont elle était propriétaire à l'étranger sous l'Empire. Non seulement la pauvreté prive Raphaël du confort auquel il était habitué (la maison heureuse de son enfance, les « objets de luxe », les domestiques), mais elle le déracine. Exilé dans son modeste hôtel Saint-Quentin, le jeune homme change d'identité sociale pour devenir un étudiant sans le sou. Il trouve refuge dans une mansarde où la propriétaire, Mme Gaudin, elle aussi victime des événements politiques, est dans l'attente d'un hypothétique retour de fortune après la disparition de son mari chef d'escadron dans les grenadiers à cheval de la garde impériale et baron de l'Empire. Autre personnage déclassé, Pauline, la fille de Mme Gaudin, « filleule de la princesse Borghèse, et qui n'aurait pas dû mentir aux belles destinées promises par son impériale protectrice », est privée de son rang social.

Une jeunesse cynique

Représentatifs de la jeunesse de 1830, les amis de Raphaël, cette « joyeuse bande » qui emmène le jeune désespéré à la soirée du banquier Taillefer, sont de gais lurons sans illusions, bien décidés à profiter des plaisirs de la vie. Parmi eux, Rastignac s'affirme comme un modèle d'opportunisme. Son credo cynique s'inscrit en contradiction avec l'idéalisme de Raphaël : « Moi, je suis propre à tout et

Pour approfondir

bon à rien, paresseux comme un homard ?... Eh bien, j'arriverai à tout ! Je me répands, je me pousse, l'on me fait place ; je me vante, l'on me croit, je fais des dettes, on les paie ! » Cet ami bienveillant de Raphaël représente une certaine jeunesse réaliste et sans scrupules qui sait, avec adresse, se servir de tous les leviers de la société. Vers la fin du roman, l'épisode d'Aix-les-Bains donne à voir un autre groupe de jeunes gens, plus policés, mais aussi plus hypocrites. Derrière les belles manières de ces dandys, se révèlent des hommes médiocres, intolérants et violents qui imposent les codes du « vernis social ».

Les mondains

L'orgie organisée par le banquier Taillefer, ce nouveau riche qui ouvre au Tout-Paris les portes de son « palais » tapissé d'or et de soie, donne à Balzac l'occasion de décrire différents groupes à travers des approches collectives et des portraits individuels. Artistes, journalistes, écrivains sont évoqués comme des profiteurs aimables dont la légèreté intellectuelle va de pair avec un appétit de plaisirs et un goût du luxe qui trouvent à s'assouvir chez les nantis. Durant cette soirée, on voit aussi des courtisanes prises sur le vif, qui telles Aquilina et Euphrasie, sont mises en scène dans tout l'éclat de leur beauté, de leur sensualité et de leur vulgarité. Ces femmes sensuelles (« je prétends faire de mon existence une longue partie de plaisir ») affichent un cynisme sans fard, fondé sur une vision réaliste du monde : « La société m'approuve ; ne fournit-elle pas sans cesse à mes dissipations ? » Clairvoyantes, elles savent que les attend une vie coupée en deux parts : « une jeunesse certainement joyeuse, et je ne sais quelle vieillesse incertaine pendant laquelle je souffrirai tout à mon aise ». L'inaccessible Foedora révèle une autre catégorie sociale, celle de ces femmes à la mode qui règnent sur Paris par le pouvoir de leur beauté et de leur fortune. Devenu millionnaire, Raphaël de Valentin connaîtra, comme le banquier Taillefer, « la puissance de l'or » et l'existence paresseuse des riches. C'est dans les beaux quartiers, au milieu de ses appartements somptueux qu'il expirera...

Pour approfondir

Textes et images

✢ Récits fantastiques

Défini comme l'irruption d'événements étranges dans le cadre de la vie quotidienne, le fantastique éveille chez ses victimes le doute et l'angoisse. C'est en raison de son fort potentiel dramatique que de nombreux écrivains utilisent ce registre dans des fictions qui mettent en scène des personnages inquiétants (diable, fantôme) et développent des aventures terrifiantes (métamorphose, crime).

Documents :

❶ Extrait de *Hamlet*, de William Shakespeare (1600-1601). Acte I, scène 5, traduction de François-Victor Hugo.

❷ Extrait de *Jésus-Christ en Flandre*, d'Honoré de Balzac (1831).

❸ Extrait de *Rêve d'enfer*, de Gustave Flaubert (1837).

❹ *La Tentation de saint-Antoine*, lithographie d'Odilon Redon (1869).

❺ *Tête d'homme hirsute et grimaçante*, dessin à la pierre noire de Jean-François Millet (1857).

❻ *Les Mains du diable*, sculpture de Gislebert (1130).

❶

HAMLET. Où veux-tu me conduire ? Parle, je n'irai pas plus loin.

LE SPECTRE. Écoute-moi bien.

HAMLET. J'écoute.

LE SPECTRE. L'heure est presque arrivée où je dois retourner dans les flammes sulfureuses[1] qui servent à mon tourment.

HAMLET. Hélas ! pauvre ombre !

LE SPECTRE. Ne me plains pas, mais prête une sérieuse attention à ce que je vais te révéler.

HAMLET. Parle ! je suis tenu d'écouter.

---

1. **Les flammes sulfureuses :** les flammes des Enfers.

LE SPECTRE. Comme tu le seras de tirer vengeance, quand tu auras écouté.

HAMLET. Comment ?

LE SPECTRE. Je suis l'esprit de ton père, condamné pour un certain temps à errer la nuit, et, le jour, à jeûner dans une prison de flammes, jusqu'à ce que le feu m'ait purgé des crimes noirs commis aux jours de ma vie mortelle. S'il ne m'était pas interdit de dire les secrets de ma prison, je ferais un récit dont le moindre mot labourerait ton âme, glacerait ton jeune sang, ferait sortir de leurs sphères tes yeux comme deux étoiles, déferait le nœud de tes boucles tressées, et hérisserait chacun de tes cheveux sur ta tête comme des piquants sur un porc-épic furieux. Mais ces descriptions du monde éternel ne sont pas faites pour des oreilles de chair et de sang. Écoute, écoute ! Oh ! écoute ! Si tu as jamais aimé ton tendre père...

HAMLET. Ô ciel !

LE SPECTRE. Venge-le d'un meurtre horrible et monstrueux.

HAMLET. D'un meurtre ?

LE SPECTRE. Un meurtre horrible ! le plus excusable l'est ; mais celui-ci fut le plus horrible, le plus étrange, le plus monstrueux.

HAMLET. Fais-le-moi vite connaître, pour qu'avec des ailes rapides comme l'idée ou les pensées d'amour, je vole à la vengeance !

LE SPECTRE. Tu es prêt, je le vois. Tu serais plus inerte que la ronce qui s'engraisse et pourrit à l'aise sur la rive du Léthé[1], si tu n'étais pas excité par ceci. Maintenant, Hamlet, écoute ! On a fait croire que, tandis que je dormais dans mon jardin, un serpent m'avait piqué. Ainsi, toutes les oreilles du Danemark ont été grossièrement abusées par un récit forgé de ma mort. Mais sache-le, toi, noble jeune homme ! le serpent qui a mordu ton père mortellement porte aujourd'hui sa couronne.

HAMLET. Ô mon âme prophétique[2] ! Mon oncle ?

LE SPECTRE. Oui, ce monstre incestueux[3], adultère[4], par la magie de son esprit, par ses dons perfides (oh ! maudits soient l'esprit et les

---

1. **Léthé :** fleuve des Enfers.
2. **Prophétique :** qui avait anticipé la vérité.
3. **Incestueux :** qui a des relations sexuelles avec une personne de sa famille qui n'est pas son épouse.
4. **Adultère :** déloyal avec sa femme ou son mari.

dons qui ont le pouvoir de séduire à ce point !), a fait céder à sa passion honteuse la volonté de ma reine, la plus vertueuse des femmes en apparence... Ô Hamlet, quelle chute ! [...] Mais, doucement ! Il me semble que je respire la brise du matin. Abrégeons. Je dormais dans mon jardin, selon ma constante habitude, dans l'après-midi. À cette heure de pleine sécurité, ton oncle se glissa près de moi avec une fiole pleine du jus maudit de la jusquiame[1], et m'en versa dans le creux de l'oreille la liqueur lépreuse. L'effet en est funeste pour le sang de l'homme : rapide comme le vif-argent, elle s'élance à travers les portes et les allées naturelles du corps, et, par son action énergique, fait figer et cailler, comme une goutte d'acide fait du lait, le sang le plus limpide et le plus pur. C'est ce que j'éprouvai ; et tout à coup je sentis, pareil à Lazare[2], la lèpre couvrir partout d'une croûte infecte et hideuse la surface lisse de mon corps. Voilà comment dans mon sommeil la main d'un frère me ravit[3] à la fois existence, couronne et reine. Arraché dans la floraison même de mes péchés, sans sacrements, sans réparation, sans viatique[4], sans m'être mis en règle, j'ai été envoyé devant mon juge, ayant toutes mes fautes sur ma tête. Oh ! horrible ! horrible !Oh ! bien horrible ! Si tu n'es pas dénaturé, ne supporte pas cela : que le lit royal de Danemark ne soit pas la couche de la luxure et de l'inceste damné ! Mais, quelle que soit la manière dont tu poursuives cette action, que ton esprit reste pur, que ton âme s'abstienne de tout projet hostile à ta mère ! Abandonne-la au ciel et à ces épines qui s'attachent à son sein pour la piquer et la déchirer. Adieu, une fois pour toutes ! Le ver luisant annonce que le matin est proche, et commence à pâlir ses feux impuissants. Adieu, adieu, Hamlet ! Souviens-toi de moi. *(Le spectre sort.)*

---

1. **Jusquiame :** plante qui empoisonne.
2. **Lazare :** dans l'Évangile de saint Luc, Lazare est couvert de plaies infectées.
3. **Ravit :** vola.
4. **Viatique :** argent et provisions que l'on donne à un voyageur pour assurer son confort pendant le trajet.

❷ *(Le narrateur se trouve dans une cathédrale.)*

À force de regarder ces arcades merveilleuses, ces arabesques, ces festons, ces spirales, ces fantaisies sarrasines qui s'entrelaçaient les unes dans les autres, bizarrement éclairées, mes perceptions devinrent confuses. Je me trouvai, comme sur la limite des illusions et de la réalité, pris dans les pièges de l'optique et presque étourdi par la multitude des aspects. Insensiblement ces pierres découpées se voilèrent, je ne les vis plus qu'à travers un nuage formé par une poussière d'or, semblable à celle qui voltige dans les bandes lumineuses tracées par un rayon de soleil dans une chambre. Au sein de cette atmosphère vaporeuse qui rendit toutes les formes indistinctes, la dentelle des roses resplendit tout à coup. Chaque nervure, chaque arête sculptée, le moindre trait s'argenta. Le soleil alluma des feux dans les vitraux dont les riches couleurs scintillèrent. Les colonnes s'agitèrent, leurs chapiteaux s'ébranlèrent doucement. [...]

Je me sentis soulevé par une puissance divine qui me plongea dans une joie infinie, dans une extase molle et douce. J'aurais, je crois, donné ma vie pour prolonger la durée de cette fantasmagorie, quand tout à coup une voix criarde me dit à l'oreille : « Réveille-toi, suis-moi ! »

Une femme desséchée me prit la main et me communiqua le froid le plus horrible aux nerfs. Ses os se voyaient à travers la peau ridée de sa figure blême et presque verdâtre. Cette petite vieille froide portait une robe noire traînée dans la poussière, et gardait à son cou quelque chose de blanc que je n'osais examiner. Ses yeux fixes, levés vers le ciel, ne laissaient voir que le blanc des prunelles. Elle m'entraînait à travers l'église et marquait son passage par des cendres qui tombaient de sa robe. En marchant, ses os claquèrent comme ceux d'un squelette. À mesure que nous marchions, j'entendais derrière moi le tintement d'une clochette dont les sons pleins d'aigreur retentirent dans mon cerveau, comme ceux d'un harmonica.

— Il faut souffrir, il faut souffrir, me disait-elle.

Pour approfondir

Nous sortîmes de l'église, et traversâmes les rues les plus fangeuses[1] de la ville ; puis, elle me fit entrer dans une maison noire où elle m'attira en criant de sa voix, dont le timbre était fêlé comme celui d'une cloche cassée : « Défends-moi, défends-moi ! »

Nous montâmes un escalier tortueux. Quand elle eut frappé à une porte obscure, un homme muet, semblable aux familiers de l'Inquisition, ouvrit cette porte. Nous nous trouvâmes bientôt dans une chambre tendue de vieilles tapisseries trouées, pleine de vieux linges, de mousselines fanées, de cuivres dorés.

— Voilà d'éternelles richesses ! dit-elle.

Je frémis d'horreur en voyant alors distinctement, à la lueur d'une longue torche et de deux cierges, que cette femme devait être récemment sortie d'un cimetière. Elle n'avait pas de cheveux. Je voulus fuir, elle fit mouvoir son bras de squelette et m'entoura d'un cercle de fer armé de pointes. À ce mouvement, un cri poussé par des millions de voix, le hurrah des morts, retentit près de nous.

— Je veux te rendre heureux à jamais, dit-elle. Tu es mon fils !

Nous étions assis devant un foyer dont les cendres étaient froides. Alors la petite vieille me serra la main si fortement que je dus rester là. Je la regardai fixement, et tâchai de deviner l'histoire de sa vie en examinant les nippes au milieu desquelles elle croupissait. Mais existait-elle ? C'était vraiment un mystère. Je voyais bien que jadis elle avait dû être jeune et belle, parée de toutes les grâces de la simplicité, véritable statue grecque au front virginal.

3 Le duc Arthur d'Almaroës était alchimiste, ou du moins il passait pour tel, quoique ses valets eussent remarqué qu'il travaillait rarement ; que ses fourneaux étaient toujours cendre et jamais brasier, que ses livres entrouverts ne changeaient jamais de feuillet ; néanmoins il restait des jours, des nuits et des mois entiers sans sortir de son laboratoire, plongé dans de profondes méditations, comme un homme qui travaille, qui médite. On croyait qu'il cherchait l'or, l'élixir de longue vie, la pierre philosophale. C'était donc un homme bien froid au-dehors, bien trompeur d'apparence : jamais sur ses lèvres ni un sourire de bonheur ni un mot d'angoisse, jamais de cris à sa bouche, point de nuits fiévreuses et ardentes comme en ont les

---

1. **Fangeuses :** boueuses.

hommes qui rêvent quelque chose de grand ; on eût dit, à le voir ainsi sérieux et froid, un automate qui pensait comme un homme.

Le peuple (car il faut le citer partout, lui qui est devenu maintenant le plus fort des pouvoirs et la plus sainte des choses, deux mots qui semblent incompatibles si ce n'est à Dieu : la sainteté et la puissance), le peuple donc était persuadé que c'était un sorcier, un démon, Satan incarné. C'était lui qui riait, le soir, au détour du cimetière, qui se traînait lentement sur la falaise en poussant des cris de hibou ; c'était lui que l'on voyait danser dans les champs avec les feux follets ; c'était lui dont on voyait, pendant les nuits d'hiver, la figure sombre et lugubre planant sur le vieux donjon féodal, comme une vieille légende de sang sur les ruines d'une tombe.

Souvent, le soir, lorsque les paysans assis devant leurs portes se reposaient de leur journée en chantant quelque vieux chant du pays, quelque vieil air national que les vieillards avaient appris de leurs grands-pères et qu'ils avaient transmis à leurs enfants, qu'on leur avait appris dans leur jeunesse et que jeunes ils avaient chanté sur le haut de la montagne où ils menaient paître leurs chèvres, alors, à cette heure de repos où la lune commence à paraître, où la chauve-souris voltige autour du clocher de son vol inégal, où le corbeau s'abat sur la grève, aux pâles rayons d'un soleil qui se meurt, à ce moment, dis-je, on voyait paraître quelquefois le duc Arthur.

Et puis on se taisait quand on entendait le bruit de ses pas, les enfants se pressaient sur leurs mères et les hommes le regardaient avec étonnement ; on était effrayé de ce regard de plomb, de ce froid sourire, de cette pâle figure, et si quelqu'un effleurait ses mains, il les trouvait glaciales comme la peau d'un reptile.

Il passait vite au milieu des paysans silencieux à son approche, disparaissait promptement et se perdait à la vue, rapide comme une gazelle, subtil comme un rêve fantastique, comme une ombre, et peu à peu le bruit de ses pas sur la poussière diminuait et aucune trace de son passage ne restait derrière lui, si ce n'est la crainte et la terreur, comme la pâleur après l'orage.

Si quelqu'un eût été assez hardi pour le suivre dans sa course ailée, pour regarder où tendait cette course, il l'eût vu rentrer dans le vieux donjon en ruine, autour duquel nul n'osait approcher le soir, car on entendait des bruits étranges qui se perdaient dans les meurtrières des tours, et, la nuit, il s'y promenait régulièrement un grand fantôme noir, qui étendait ses larges bras vers les nues et qui de ses mains osseuses faisait trembler les pierres du château, avec un bruit de chaînes et le râle d'un mourant.

Eh bien, cet homme qui paraissait si infernal et si terrible, qui semblait être un enfant de l'enfer, la pensée d'un démon, l'œuvre d'un alchimiste damné, lui dont les lèvres gercées semblaient ne se dilater qu'au toucher frais du sang, lui dont les dents blanches exhalaient une odeur de chair humaine, eh bien, cet être infernal, ce vampire funeste n'était qu'un esprit pur et intact, froid et parfait, infini et régulier, comme une statue de marbre qui penserait, qui agirait, qui aurait une volonté, une puissance, une âme, enfin, mais dont le sang ne battrait point chaleureusement dans les veines, qui comprendrait sans sentir, qui aurait un bras sans une pensée, des yeux sans passion, un cœur sans amour.

Pour approfondir

4

❺

❖ Étude des textes

Savoir lire

1. Qui sont les personnages fantastiques mis en scène dans ces trois textes ? Dans quel cadre sont-ils présentés ?
2. Que vient faire sur terre le spectre du texte 1 ?
3. Comparez la réaction d'Hamlet devant le spectre (texte 1) et celle du narrateur devant la femme desséchée du texte 2.
4. Le duc Arthur d'Almaroës est-il un homme ? Comment les gens le perçoivent-ils ? Citez quelques phrases par lesquelles Flaubert entretient le doute.

Savoir faire

1. Transformez la scène de *Hamlet* en un récit de registre fantastique qui inclura un portrait détaillé du spectre à partir du point de vue de Hamlet.
2. Lequel de ces trois textes vous semble le plus impressionnant ? Expliquez votre point de vue en prenant appui sur les personnages et leur situation.
3. Quelle différence faites-vous entre les registres fantastique et merveilleux ?

❖ Étude des images

Savoir analyser

1. Sur quel contraste est construite l'image 4 ? Que symbolisent les deux personnages représentés ?
2. Observez l'homme présenté dans le document 5 : par quels détails du visage et de l'expression cette créature inspire-t-elle la terreur ? Quel effet produit le gros plan ?
3. Décrivez le document 6 et dites comment les proportions des éléments qui y sont présentés concourent à éveiller l'horreur.

Pour approfondir

Savoir faire

1. Associez un des trois textes à une des trois images en justifiant votre choix.
2. Racontez un cauchemar à partir du document 6, en vous fondant non seulement sur les détails de la sculpture, mais aussi sur le titre de l'œuvre : *Les Mains du diable*.
3. Imaginez des couleurs pour le document 4 en veillant à accentuer l'aspect sinistre de la scène.
4. Réalisez un collage en découpant des photos de magazine pour créer l'illustration qui pourrait accompagner le récit de Balzac.

Pour approfondir

❖ Le portrait à la manière de Balzac

Portraitiste remarquable, Balzac décrit scrupuleusement ses personnages avant de les lancer sur le terrain de l'intrigue. La peinture est toujours précise et réaliste, saisissant les détails les plus significatifs du physique, du caractère et de la situation sociale. C'est ainsi que Balzac donne vie à des individus et à des types, qui s'animent, sous sa plume, comme des personnes réelles.

Documents :

❶ Extrait de *La Femme abandonnée*, de Honoré de Balzac (1832).

❷ Extrait des *Illusions perdues*, de Honoré de Balzac (1837).

❸ Extrait des *Secrets de la princesse de Cadignan*, de Honoré de Balzac (1839).

❹ Extrait de *Modeste Mignon*, de Honoré de Balzac (1844).

❺ *Honoré de Balzac*, portrait de Louis-Auguste Bisson (1842).

❻ *Madame de Sennones*, tableau de Jean Auguste Dominique Ingres (1814).

❼ *Le Balcon*, tableau d'Édouard Manet (1869).

❶ Mme de Beauséant

Mme la vicomtesse de Beauséant était blonde, blanche comme une blonde, et avait les yeux bruns. Elle présentait noblement son front, un front d'ange déchu qui s'enorgueillit de sa faute et ne veut point de pardon. Ses cheveux, abondants et tressés en hauteur au-dessus de deux bandeaux qui décrivaient sur ce front de larges courbes, ajoutaient encore à la majesté de sa tête. L'imagination retrouvait, dans les spirales de cette chevelure dorée, la couronne ducale de Bourgogne ; et, dans les yeux brillants de cette grande dame, tout le courage de sa maison ; le courage d'une femme forte seulement pour repousser le mépris ou l'audace, mais pleine de tendresse pour les sentiments doux. Les contours de sa petite tête, admirablement posée sur un long col[1] blanc, les traits de sa figure fine, ses lèvres déliées et sa physionomie mobile gardaient une expression de prudence exquise, une teinte d'ironie affectée qui ressemblait à de la ruse et à de l'impertinence. Il était difficile de ne pas lui pardonner ces deux péchés féminins en pensant à ses malheurs, à la passion qui avait failli lui coûter la vie, et qu'attestaient soit les rides qui, par le moindre mouvement, sillonnaient son front, soit la douloureuse éloquence de ses beaux yeux souvent levés vers le ciel. N'était-ce pas un spectacle imposant, et encore agrandi par la pensée, de voir dans un immense salon silencieux cette famille séparée du monde entier, et qui, depuis trois ans, demeurait au fond d'une petite vallée, loin de la ville, seule avec les souvenirs d'une jeunesse brillante, heureuse, passionnée, jadis remplie par des fêtes, par de constants hommages, mais maintenant livrée aux horreurs du néant ? Le sourire de cette femme annonçait une haute conscience de sa valeur. N'étant ni mère ni épouse, repoussée par le monde, privée du seul cœur qui pût faire battre le sien sans honte, ne tirant d'aucun sentiment les secours nécessaires à son âme chancelante, elle devait prendre sa force sur elle-même, vivre de sa propre vie, et n'avoir d'autre espérance que celle de la femme abandonnée : attendre la mort, en hâter la lenteur malgré les beaux jours qui lui restaient encore. Se sentir destinée au bonheur, et périr sans le recevoir, sans le donner ?... une femme ! Quelles douleurs ! M. de Nueil fit ces réflexions avec la rapidité de l'éclair, et se trouva bien honteux de son personnage en présence de la plus grande poésie dont puisse s'envelopper une femme. Séduit par le triple éclat de la beauté, du malheur et de la noblesse, il demeura presque béant, songeur, admirant la vicomtesse, mais ne trouvant rien à lui dire.

2 M. de Bargeton

Ce gentilhomme était un de ces petits esprits doucement établis entre l'inoffensive nullité qui comprend encore et la fière stupidité qui ne veut ni rien accepter, ni rien rendre. Pénétré de ses devoirs envers le monde et s'efforçant de lui être agréable, il avait adopté le sourire du danseur pour unique langage. Content ou mécontent, il souriait. Il souriait à une nouvelle désastreuse aussi bien qu'à l'an-

Pour approfondir

---

1. **Col :** cou.

nonce d'un heureux événement. Ce sourire répondait à tout par les expressions que lui donnait M. de Bargeton. S'il fallait absolument une approbation directe, il renforçait son sourire par un rire complaisant, en ne lâchant qu'une parole à la dernière extrémité. Un tête-à-tête lui faisait éprouver le seul embarras qui compliquait sa vie végétative, il était alors obligé de chercher quelque chose dans l'immensité de son vide intérieur. La plupart du temps, il se tirait de peine en reprenant les naïves coutumes de son enfance : il pensait tout haut, il vous initiait aux moindres détails de sa vie ; il vous exprimait ses besoins, ses petites sensations qui, pour lui, ressemblaient à des idées. Il ne parlait ni de la pluie, ni du beau temps ; il ne donnait pas dans les lieux communs de la conversation par où se sauvent les imbéciles, il s'adressait aux plus intimes intérêts de la vie.

— Par complaisance pour Mme de Bargeton, j'ai mangé ce matin du veau, qu'elle aime beaucoup, et mon estomac me fait bien souffrir, disait-il. Je sais cela, j'y suis toujours pris ; expliquez-moi cela !

Ou bien :

— Je vais sonner pour demander un verre d'eau sucrée ; en voulez-vous un par la même occasion ?

Ou bien :

— Je monterai demain à cheval et j'irai voir mon beau-père.

Ces petites phrases, qui ne supportaient pas la discussion, arrachaient un non ou un oui à l'interlocuteur, et la conversation tombait à plat. M. de Bargeton implorait alors l'assistance de son visiteur en mettant à l'ouest son nez de vieux carlin[1] poussif[2] ; il vous regardait de ses gros yeux vairons[3] d'une façon qui signifiait : Vous dites ? Les ennuyeux empressés de parler d'eux-mêmes, il les chérissait, il les écoutait avec une probe[4] et délicate attention qui le leur rendait si précieux, que les bavards d'Angoulême lui accordaient une sournoise intelligence, et le prétendaient mal jugé. Aussi, quand ils n'avaient plus d'auditeurs, ces gens venaient-ils achever leurs récits ou leurs raisonnements auprès du gentilhomme, sûrs de trouver son sourire élogieux. Le salon de sa femme étant tou-

Pour approfondir

---

1. **Carlin :** petit chien à poil ras, et à museau noir et écrasé.
2. **Poussif :** qui a de la peine à respirer.
3. **Vairons :** qui sont de couleur différente.
4. **Probe :** consciencieuse.

jours plein, il s'y trouvait généralement à l'aise. Il s'occupait des plus petits détails : il regardait qui entrait, saluait en souriant et conduisait à sa femme le nouvel arrivé ; il guettait ceux qui partaient, et leur faisait la conduite en accueillant leurs adieux par son éternel sourire. Quand la soirée était animée et qu'il voyait chacun à son affaire, l'heureux muet restait planté sur ses deux hautes jambes comme une cigogne sur ses pattes, ayant l'air d'écouter une conversation politique ; ou il venait étudier les cartes d'un joueur sans y rien comprendre, car il ne savait aucun jeu ; ou il se promenait en humant son tabac et soufflant sa digestion. Anaïs était le beau côté de sa vie, elle lui donnait des jouissances infinies. Lorsqu'elle jouait son rôle de maîtresse de maison, il s'étendait dans une bergère en l'admirant ; car elle parlait pour lui : puis il s'était fait un plaisir de chercher l'esprit de ses phrases ; et, comme souvent il ne les comprenait que longtemps après qu'elles étaient dites, il se permettait des sourires qui partaient comme des boulets enterrés qui se réveillent. Son respect pour elle allait, d'ailleurs, jusqu'à l'adoration. Une adoration quelconque ne suffit-elle pas au bonheur de la vie ? En personne spirituelle et généreuse, Anaïs n'avait pas abusé de ses avantages en reconnaissant chez son mari la nature facile d'un enfant qui ne demandait pas mieux que d'être gouverné. Elle avait pris soin de lui comme on prend soin d'un manteau ; elle le tenait propre, le brossait, le serrait, le ménageait : et, se sentant ménagé, brossé, soigné, M. de Bargeton avait contracté pour sa femme une affection canine. Il est si facile de donner un bonheur qui ne coûte rien ! Mme de Bargeton, ne connaissant à son mari aucun autre plaisir que celui de la bonne chère, lui faisait faire d'excellents dîners ; elle avait pitié de lui ; jamais elle ne s'en était plainte ; et quelques personnes, ne comprenant pas le silence de sa fierté, prêtaient à M. de Bargeton des vertus cachées. Elle l'avait, d'ailleurs, discipliné militairement, et l'obéissance de cet homme aux volontés de sa femme était passive. Elle lui disait : « Faites une visite à monsieur un tel ou à madame une telle », il y allait comme un soldat à sa faction. Aussi, devant elle, se tenait-il au port d'armes et immobile.

Pour approfondir

❸ D'Arthez

Elle avait donc enfin rencontré cet homme supérieur que toutes les femmes désirent, ne fût-ce que pour le jouer ; cette puissance à laquelle elles consentent à obéir, ne fût-ce que pour avoir le plaisir de la maîtriser ; elle trouvait enfin les grandeurs de l'intelligence unies à la naïveté du cœur, au neuf de la passion ; puis elle voyait, par un bonheur inouï, toutes ces richesses contenues dans une forme qui lui plaisait. D'Arthez lui semblait beau, peut-être l'était-il. Quoiqu'il arrivât à l'âge grave de l'homme, à trente-huit ans, il conservait une fleur de jeunesse due à la vie sobre et chaste qu'il avait menée, et comme tous les gens de cabinet, comme les hommes d'État, il atteignait à un embonpoint raisonnable. Très jeune, il avait offert une vague ressemblance avec Bonaparte général. Cette ressemblance se continuait encore, autant qu'un homme aux yeux noirs, à la chevelure épaisse et brune, peut ressembler à ce souverain aux yeux bleus, aux cheveux châtains, mais tout ce qu'il y eut jadis d'ambition ardente et noble dans les yeux de d'Arthez avait été comme attendri par le succès. Les pensées dont son front était gros avaient fleuri, les lignes creuses de sa figure étaient devenues pleines. Le bien-être répandait des teintes dorées là où, dans sa jeunesse, la misère avait mélangé les tons jaunes des tempéraments dont les forces se bandent pour soutenir des luttes écrasantes et continues. Si vous observez avec soin les belles figures des philosophes antiques, vous y apercevrez toujours les déviations du type parfait de la figure humaine auxquelles chaque physionomie doit son originalité, rectifiées par l'habitude de la méditation, par le calme constant nécessaire aux travaux intellectuels. Les visages les plus tourmentés, comme celui de Socrate, deviennent à la longue d'une sérénité presque divine. À cette noble simplicité qui décorait sa tête impériale, d'Arthez joignait une expression naïve, le naturel des enfants, et une bienveillance touchante. Il n'avait pas cette politesse toujours empreinte de fausseté par laquelle dans ce monde les personnes les mieux élevées et les plus aimables jouent des qualités qui souvent leur manquent, et qui laissent blessés ceux qui se reconnaissent dupés. Il pouvait faillir à quelques lois mondaines par suite de son isolement mais comme il ne choquait jamais, ce parfum de sauvagerie rendait encore plus gracieuse l'affabilité particulière aux hommes d'un grand talent, qui savent déposer leur supériorité chez eux pour se mettre au niveau social, pour, à la façon d'Henri IV, prêter leur dos aux enfants, et leur esprit aux niais.

En revenant chez elle, la princesse ne discuta pas plus avec elle-même que d'Arthez ne se défendit contre le charme qu'elle lui avait jeté. Tout était dit pour elle ; elle aimait avec sa science et avec son ignorance. Si elle s'interrogea, ce fut pour se demander si elle méritait un si grand bonheur, et ce qu'elle avait fait au ciel pour qu'il lui envoyât un pareil ange. Elle voulut être digne de cet amour, le perpétuer, se l'approprier à jamais, et finir doucement sa vie de jolie femme dans le paradis qu'elle entrevoyait.

❹ Jean Butscha

Jean Butscha, pauvre enfant naturel abandonné, de qui le greffier Labrosse et sa fille avaient pris soin, devenu premier clerc à force de travail, logé, nourri chez son patron qui lui donne neuf cents francs d'appointements, sans aucun semblant de jeunesse, presque nain, faisait de Modeste une idole : il eût donné sa vie pour elle. Ce pauvre être, dont les yeux semblables à deux lumières de canon sont pressés entre des paupières épaisses, marqué de la petite vérole, écrasé par une chevelure crépue, embarrassé de ses mains énormes, vivait sous les regards de la pitié depuis l'âge de sept ans : ceci ne peut-il pas vous l'expliquer tout entier ? Silencieux, recueilli, d'une conduite exemplaire, religieux, il voyageait dans l'immense étendue du pays appelé, sur la carte de Tendre, Amour-sans-espoir, les steppes arides et sublimes du Désir. Modeste avait surnommé ce grotesque premier clerc le nain mystérieux. Ce sobriquet[1] fit lire à Butscha le roman de Walter Scott[2], et il dit à Modeste :

• Voulez-vous, pour le jour du danger, une rose de votre nain mystérieux ?

Modeste refoula soudain l'âme de son adorateur dans sa cabane de boue, par un de ces regards terribles que les jeunes filles jettent aux hommes qui ne leur plaisent pas. Butscha se surnom-

---

1. **Sobriquet :** surnom qu'on donne à une personne, par dérision, souvent fondé sur quelques particularité du corps ou de l'esprit.
2. **Le roman de Walter Scott :** *Le Nain noir*, 1816.

mait lui-même le clerc obscur, sans savoir que ce calembour[1] remonte à l'origine des panonceaux[2] ; mais il n'était, de même que sa patronne, jamais sorti du Havre.

1. **Calembour :** jeu de mots.
2. **Panonceaux :** écussons à la porte des notaires.

6

Pour approfondir

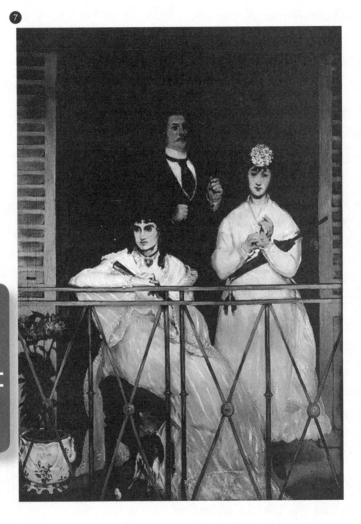

✣ Étude des textes

Savoir lire

1. Qui sont les personnages présentés dans ces portraits ? Selon quel point de vue sont-ils dépeints ?

2. Comment sont composés ces portraits ? Quelle place y tient la description du physique ? Par quels choix d'écriture Balzac fait-il ressortir la nature de chaque personnage ?

3. Comment Balzac articule-t-il les deux portraits de M. de Bargeton et de son épouse Anaïs ? Caractérisez le couple ainsi dépeint.

4. Repérez, dans le portrait de d'Arthez, un commentaire du narrateur et expliquez ce qu'il signifie.

Savoir faire

5. Lequel de ces portraits vous semble le plus réussi ? Expliquez vos raisons en vous fondant sur des éléments précis.

6. Trouvez, dans les *Caractères* de La Bruyère, un portrait qui pourrait, par sa qualité, rivaliser avec ceux de Balzac et présentés dans ce choix de textes.

7. Quelle différence faites-vous entre un portrait réaliste et un portrait satirique ? À quelle intention répond chacun de ces genres ?

✣ Étude des images

Savoir analyser

1. Observez le portrait de Balzac : quels sont les traits les plus caractéristiques de sa personne ? Commentez le regard, les vêtements et la position de sa main.

2. À quels détails voit-on que la personne représentée sur le document 6 appartient à l'aristocratie de l'époque ? Examinez le décor, le costume, la coiffure et la position de cette jeune femme.

3. Comment sont positionnés les trois personnages représentés dans le document 7 ? Décrivez et analysez l'attitude de l'homme.

Pour approfondir

Textes et images

Savoir faire

4. En vous fondant sur l'image 5, réalisez un portrait écrit de Balzac. Vous vous inspirerez de sa méthode et de son écriture telles qu'elles apparaissent dans les textes du corpus.

5. Vous semble-t-il important d'avoir une image (photo, dessin, peinture) des écrivains dont vous lisez les œuvres ? Expliquez vos raisons en vous appuyant sur des exemples précis.

6. Mme de Beauséant pourrait-elle s'incarner dans le tableau d'Ingres ? Argumentez votre point de vue en faisant le lien entre le portrait rédigé par Balzac et la peinture.

Pour approfondir

Vers le brevet

Questions

I. Une apparition extraordinaire

1. « Sans le bras décharné, qui ressemblait à un bâton sur lequel on aurait posé une étoffe et que le vieillard tenait en l'air pour faire porter sur le jeune homme toute la clarté de la lampe, ce visage aurait paru suspendu dans les airs » :

   a. Remplacez la subordonnée relative par un adjectif de même sens qui permettra d'alléger la construction.

   b. Quel est l'antécédent du pronom relatif « que » ?

   c. Quelle idée le narrateur développe-t-il dans cette phrase ?

2. « Le vieillard se tenait debout, immobile, inébranlable comme une étoile au milieu d'un nuage de lumière » :

   a. Identifiez et nommez les deux figures de style utilisées ici.

   b. Sur quels aspects de l'apparition insistent-elles ?

3. « Tel fut le spectacle étrange qui surprit le jeune homme au moment où il ouvrit les yeux » :

   a. Justifiez l'emploi du verbe « surprit » en vous appuyant sur la scène de l'apparition.

   b. Proposez un verbe synonyme de sens plus fort.

II. Un personnage impressionnant

1. a. Que signifie le mot « décharné » ?

   b. Sur quel radical est-il construit ? Trouvez, dans le texte, deux autres termes évoquant la même idée.

2. « Les lèvres de cet homme étaient si décolorées, si minces, qu'il fallait une attention particulière pour deviner la ligne tracée par la bouche dans son blanc visage » :

a. Faites l'analyse logique de cette phrase.

b. Expliquez sur quel aspect du visage elle oriente l'attention du lecteur.

3. « la rigueur implacable de ses petits yeux verts dénués de cils et de sourcils » :

a. Par quels choix d'écriture l'auteur donne-t-il à la description des yeux toute sa signification ?

b. Sur quel aspect du regard insiste cette évocation ?

4. « Une finesse d'inquisiteur trahie par les sinuosités de ses rides et par les plis circulaires dessinés sur ses tempes, accusait une science profonde des choses de la vie » : en restant aussi près du texte que possible, transformez cette phrase simple en une phrase complexe incluant une proposition subordonnée relative.

III. Un narrateur omniprésent

1. « Figurez-vous » :

a. Identifiez le temps et le mode du verbe.

b. Justifiez son emploi en expliquant qui parle et dans quelle intention .

2. « Vous y auriez lu la tranquillité lucide d'un Dieu qui voit tout, ou la force orgueilleuse d'un homme qui a tout vu » :

a. À qui s'adresse ici le narrateur ?

b. Quel est l'intérêt de cette intervention dans le portrait ?

3. « ses yeux verts, pleins de je ne sais quelle malice calme » :

a. Supprimez l'expression personnelle du narrateur dans cette phrase.

b. Analysez l'effet produit.

Réécriture

« Une finesse d'inquisiteur trahie par les sinuosités de ses rides et par les plis circulaires dessinés sur ses tempes, accusait une science profonde des choses de la vie. »

Transformez cette phrase simple en phrase complexe avec une subordonnée relative.

Les compléments d'agent de la construction deviendront ainsi les sujets du verbe de la proposition subordonnée.

Rédaction

Faites le portrait du jeune homme à partir du point de vue du petit vieillard. Ce portrait tiendra compte de la situation particulière du jeune homme désespéré, mais aussi de la personnalité extraordinaire du petit vieillard.

Petite méthode pour la rédaction

- Le portrait doit être développé à partir du regard du petit vieillard. Un regard curieux et sarcastique qui semble tout deviner.

- Brosser un portrait revient à décrire les traits les plus frappants d'un personnage, de façon à suggérer, pour le lecteur, l'originalité, les mystères, le caractère de l'individu.

- Le portrait peut s'arrêter sur certaines particularités du corps, du visage, des manières, des mouvements ou, au contraire, adopter une démarche plus systématique en décrivant le personnage des pieds à la tête.

- Le portrait doit donner vie au personnage, le faire exister comme une vraie personne.

Vers le brevet

Sujet 2 : *La Peau de chagrin*, Épisode 7, l. 275-358.

Questions

I. Une scène dramatique

1. « Le bruit d'une voiture se fit entendre » :

    a. À quels choix d'écriture cette phrase doit-elle sa puissance expressive ?

    b. Transformez cette construction passive en construction active. Quelle nuance de sens percevez-vous alors ?

2. « À un duel comme au jeu, les plus légers incidents influent sur l'imagination des acteurs fortement intéressés au succès d'un coup » :

    a. Justifiez l'emploi du présent dans cette phrase.

    b. Qui s'exprime ici ? Cette phrase donne-t-elle un avis ou une explication ?

3. « Ce jeune homme a-t-il des dispositions à prendre ? » :

    a. Que signifie le mot « dispositions » ?

    b. Analysez la puissance dramatique de ce terme dans cette scène.

3. a. Expliquez l'expression « regard homicide » en la rapprochant d'autres expressions du texte évoquant le regard de Valentin.

    b. Justifiez le choix de ce terme par l'auteur dans cette scène de duel.

II. Deux adversaires

1. a. Donnez la définition du mot « duel ».

    b. Comparez ce terme au mot « assassinat » qu'utilise Raphaël de Valentin dans la phrase : « Si donc vous vous refusez à me présenter des excuses, votre balle ira dans l'eau de cette cascade malgré votre habitude de l'assassinat. »

    c. D'après ce terme, que pense le jeune homme du duel ?

2. « [...] et ne reparurent que longtemps après : ils allaient lentement ». « Les quatre spectateurs de cette scène singulière éprouvèrent une émotion profonde à l'aspect de Valentin appuyé sur le bras de son serviteur : pâle et défait, il marchait en goutteux, baissait la tête et ne disait mot » :

a. Comparez l'emploi des deux-points dans ces deux phrases.

b. Selon quel point de vue les deux scènes sont-elles décrites ?

3. « Il est encore temps, reprit-il, de **me donner une légère satisfaction** ; mais donnez-la-moi, monsieur, sinon vous allez mourir » : que signifie l'expression en gras ?

III. Le fantastique

1. « Pour anéantir votre adresse, pour voiler vos regards, faire trembler vos mains et palpiter votre cœur, pour vous tuer même, il me suffit de le désirer » :

a. À quelle catégorie grammaticale appartient le mot « le » ?

b. Que remplace-t-il ?

2. « Je ne veux pas être obligé d'exercer mon pouvoir, il me coûte trop cher d'en user » :

a. Quel est le rapport de sens entre les deux propositions de cette phrase ?

b. Traduisez ce même rapport en changeant la ponctuation.

c. Traduisez ce même rapport en transformant la deuxième proposition en subordonnée.

3. « Cette sécurité surnaturelle » :

a. Quel terme utiliserait-on aujourd'hui à la place du mot « sécurité » ?

b. Justifiez l'emploi de l'adjectif « surnaturelle » en vous appuyant sur la conduite et les paroles du héros.

Réécriture

« Donne-moi de l'eau, j'ai soif, dit-il à son témoin.

— As-tu peur ?

— Oui, répondit-il. L'œil de cet homme est brûlant et me fascine.

— Veux-tu lui faire des excuses ?

— Il n'est plus temps. »

En restant au plus près du texte, transformez cet extrait de discours direct en discours indirect. Vous utiliserez des verbes de parole (ex. : « dire ») et apporterez aux phrases les aménagements nécessaires à leur correction grammaticale.

Rédaction

À la perspective d'une mort certaine, l'adversaire de Valentin consent à faire des excuses.

Racontez la scène en prenant soin d'alterner récit et dialogue. Vous ferez ressortir, par les paroles et les attitudes, les sentiments des deux adversaires et les émotions des témoins.

Petite méthode pour la rédaction

- C'est la peur devant son adversaire implacable qui incite le « véritable provocateur », jeune homme insolent et sûr de lui, à faire des excuses. Le dialogue et le récit devront mettre en évidence ce qui est, en vérité, une capitulation devant la puissance de Valentin.

- Vous adopterez, comme Balzac, un point de vue omniscient puisque vous devez rapporter les pensées, les sentiments et les émotions des personnages. Sachant que Valentin, s'il échappe au duel, verra, lui aussi, sa vie se prolonger, ses paroles et son attitude feront apparaître son soulagement.

- Dans le récit, l'imparfait sera réservé à la description et le passé simple aux actions.

L'antiquaire montre la peau de chagrin à Raphaël de Valentin.
Gravure d'après une illustration
de Ange-Louis Janet dit Janet-Lange (1815-1872).

Outils de lecture

Action : dans un récit ou une pièce de théâtre, suite des événements qui constituent l'intrigue.

Argumentation : énoncé par lequel on tente de persuader ou de convaincre le destinataire.

Dénouement : fin d'un récit, moment où l'action se « dénoue ».

Description (ou discours descriptif) : discours qui nomme, précise les caractères et les qualités d'une personne, d'un objet ou d'un lieu ; qui crée un décor ou une atmosphère.

Dialogue : ensemble de répliques échangées entre deux ou plusieurs personnages.

Discours : énoncé par lequel le narrateur commente l'action ou exprime une idée personnelle. Le discours s'oppose au « récit » qui rapporte des événements.

Durée de l'histoire : période sur laquelle se déroule l'action.

Fiction : création imaginaire. S'oppose à la réalité.

Intérêt dramatique : intérêt que peut éveiller l'action chez le lecteur.

Intrigue : enchaînement des événements dans un récit.

Narrateur : dans le récit, celui qui raconte l'histoire.

Narration (ou discours narratif) : énoncé qui rapporte des événements par la voix d'un narrateur.

Nœud de l'action : moment-clé de l'action, sommet dramatique.

Nouvelle (ou conte) : récit bref et dense, en prose.

Nouvelle réaliste : nouvelle qui met en scène un nombre restreint de personnages fortement caractérisés, dans un cadre spatio-temporel limité. Elle se concentre sur un événement précis, privilégie les scènes et les épisodes-clés, fait l'économie des préparatifs et des transitions.

Paroles rapportées : paroles insérées dans un récit. *Discours direct :* les paroles sont rapportées telles qu'elles sont prononcées. *Discours indirect :* les paroles sont insérées dans une proposition subordonnée complétive. *Discours indirect libre :* le discours indirect libre supprime la subordination.

Péripétie : événement imprévu dans le cours d'une action dramatique.

Point de vue ou focalisation : dans le récit, foyer à partir duquel est perçu un personnage ou une situation.

Point de vue externe ou focalisation externe : présentation du monde à partir d'une perception objective.

Point de vue interne ou focalisation interne : présentation du monde à travers la perception subjective d'un personnage.

Point de vue omniscient ou focalisation zéro : le narrateur sait tout de ses personnages (leur passé, leurs pensées, leurs sentiments, leurs projets).

Réalisme : mouvement littéraire qui traverse l'histoire depuis le Moyen Âge. Il se développe vers 1850 autour d'un principe fondamental : montrer la réalité, décrire les milieux et les mœurs à partir d'une observation objective, sélectionner les petits faits vrais.

Récit : 1. acte de raconter ; 2. produit de la narration, c'est-à-dire énoncé qui rapporte une histoire en utilisant différentes formes de discours.

Réflexion philosophique : pensée qui approfondit une idée sur des questions fondamentales (la société, l'amour, le pouvoir, l'argent).

Registre dramatique : qui cherche à éveiller des sentiments puissants (peur, surprise) par des procédés de dramatisation (ex. : le coup de théâtre).

Registre fantastique : qui introduit le doute, l'inquiétude, la terreur par la mention de faits étranges et inexplicables.

Registre tragique : qui exprime le déchirement de l'homme face à des situations ou des forces qui le dépassent.

Rythme de la narration : *l'ellipse temporelle* consiste à passer sous silence une période ; *le résumé ou sommaire* résume brièvement une période ; *la scène* développe un épisode ; *la pause* interrompt la narration à la faveur d'une description, d'un commentaire ou de paroles rapportées.

Temps de l'écriture : moment où l'auteur rédige son œuvre.

Thèse : idée à laquelle on croit et dont on défend la validité à l'aide d'arguments.

Bibliographie et filmographie

La Peau de chagrin, édition Gallimard, 1974. Dernière édition, dite du Furne corrigé (notre édition).

▶ Avec une préface d'André Pieyre de Mandiargues (1966) qui analyse les conditions de publication et l'originalité de l'œuvre.

La Peau de chagrin, édition Flammarion, 1996.

▶ Texte de l'édition originale de 1831. Introduction et commentaires de Pierre Barbéris, spécialiste de Balzac.

Quelques romans de Balzac

Eugénie Grandet, 1833.

▶ Histoire d'une jeune fille qui vit sous la domination tyrannique de son père, un avare intraitable.

Les Illusions perdues, 1836-1843.

▶ Raconte les expériences parisiennes de Lucien de Rubempré, jeune provincial ambitieux. Satire réaliste du milieu des journalistes.

Le Père Goriot, 1835.

▶ Histoire d'un père qui sacrifie tout pour ses filles. Avec Rastignac et Vautrin, personnages fameux de *La Comédie humaine.*

Le Colonel Chabert, 1844.

▶ Histoire d'un soldat de Napoléon passé pour mort à la bataille d'Eylau, qui revient à Paris où sa femme s'est remariée.

Récits fantastiques

Les Élixirs du diable, de l'écrivain allemand Hoffmann, 1816.

▶ Roman ténébreux dans lequel un élixir permet au capucin Médard de satisfaire tous ses désirs de débauche.

Smarra ou les Démons de la nuit, conte de Charles Nodier, 1821.

▶ Présente une série de songes romantiques et étranges dans une composition très complexe.

Trilby ou le Lutin d'Argail, conte de Charles Nodier, 1822.

▶ Histoire d'un lutin amoureux qui hante la demeure du pêcheur Dougal et de sa femme, Jeannie.

L'Élixir de longue vie, conte de Balzac, 1831.

▶ Histoire d'un don Juan riche et puissant, qui, grâce à un liquide magique, pourra ressusciter à sa mort.

La Cafetière, nouvelle de Théophile Gautier, 1831.

▶ Histoire d'un homme qui, une nuit, voit s'animer autour de lui des objets puis se retrouve dans un bal où il danse avec une femme sublime qui, à l'aube, se transforme en cafetière.

Maître Cornélius, nouvelle de Balzac, 1832.

▶ L'action, qui se passe en 1479 sous le règne de Louis XI, met en scène un avare volant ses propres trésors.

Melmoth réconcilié, roman de Balzac, 1835.

▶ Melmoth qui a vendu son âme au diable propose au caissier Castanier accablé de dettes de reprendre le pacte à son compte et de lui acheter son âme.

La Morte amoureuse, nouvelle de Théophile Gautier, 1836.

▶ Histoire d'un jeune prêtre qui tombe amoureux de la courtisane Clarimonde, vampire éprise de lui.

La Vénus d'Ille, nouvelle de Prosper Mérimée, 1837.

▶ Histoire dans laquelle une statue de Vénus en bronze commet un crime mystérieux.

Films

La Peau de chagrin, téléfilm français réalisé par Michel Favart, 1980.

▶ Adaptation fidèle du roman.

La Peau de chagrin, téléfilm du réalisateur Alain Berliner, 2010.

▶ Adaptation très réussie du roman pour France 2.

Site Internet

Honoré de Balzac, article de l'encyclopédie en ligne Wikipédia.

▶ Excellent article, très complet.

Crédits photographiques

Photocomposition : JOUVE Saran
Impression : La Tipografica Varese Srl (Italie)
Dépôt légal : Août 2011 - 306014/04
N° Projet : 11032713 – mars 2016